ВНЕКЛАССНОЕ ЧТЕНИЕ

(для 1-го класса)

Художник
Геннадий Соколов

Страна детства

ЕВГЕНИЙ ПЕРМЯК
(1902—1982)

КАК МАША СТАЛА БОЛЬШОЙ

Маленькая Маша очень хотела вырасти. Очень. А как это сделать, она не знала. Всё перепробовала. И в маминых туфлях ходила. И в бабушкином капоте сидела. И причёску, как у тети Кати, делала. И бусы примеряла. И часы на руку надевала.

Ничего не получалось. Только смеялись над ней да подшучивали.

Один раз как-то Маша вздумала пол подметать. И подмела. Да так хорошо подмела, что даже мама удивилась:

— Машенька! Да неужели ты у нас большая становишься?

А когда Маша чисто-начисто вымыла посуду да сухо-насухо вытерла её, тогда не только мама, но и отец удивился. Удивился и при всех за столом сказал:

— Мы и не заметили, как у нас Мария выросла. Не только пол метёт, но и посуду моет.

Теперь все маленькую Машу называют большой. И она себя взрослой чувствует, хотя и ходит в своих крошечных туфельках и в коротеньком платьице. Без причёски. Без бус. Без часов.

Не они, видно, маленьких большими делают.

ТОРОПЛИВЫЙ НОЖИК

Строгал Митя палочку, строгал да бросил. Косая палочка получилась. Неровная. Некрасивая.

— Как же это так? — спрашивает Митю отец.

— Ножик плохой,— отвечает Митя,— косо строгает.

— Да нет,— говорит отец,— ножик хороший. Он только торопливый. Его нужно терпению выучить.

— А как? — спрашивает Митя.

— А вот так,— сказал отец.

Взял палочку да принялся её строгать потихонечку, полегонечку, осторожно.

Понял Митя, как нужно ножик терпению учить, и тоже стал строгать потихонечку, полегонечку, осторожно.

Долго торопливый ножик не хотел слушаться. Торопился: то вкривь, то вкось норовил вильнуть, да не вышло. Заставил его Митя терпеливым быть.

Хорошо стал строгать ножик. Ровно. Красиво. Послушно.

ПЕРВАЯ РЫБКА

Юра жил в большой и дружной семье. Все в этой семье работали. Только один Юра не работал. Ему всего пять лет было.

Один раз поехала Юрина семья рыбу ловить и уху варить. Много рыбы поймали и всю бабушке отдали. Юра тоже одну рыбку поймал. Ерша. И тоже бабушке отдал. Для ухи.

Сварила бабушка уху. Вся семья на берегу вокруг котелка уселась и давай уху нахваливать:

— Оттого наша уха вкусна, что Юра большущего ерша поймал. Потому наша уха жирна да навариста, что ершище жирнее сома.

А Юра хоть и маленький был, а понимал, что взрослые шутят. Велик ли навар от крохотного ёршишки? Но он всё равно радовался. Радовался потому, что в большой семейной ухе была и его маленькая рыбка.

ЛЮБОВЬ ВОРОНКОВА
(1906—1976)

ЧТО СКАЗАЛА БЫ МАМА?

Гринька и Федя собрались на луг за щавелём. И Ваня пошёл с ними.

— Ступай, ступай,— сказала бабушка.— Наберёшь щавелю — зелёные щи сварим.

Весело было на лугу. Траву ещё не скосили. Кругом далеко-далеко пестрели цветы — и красные, и синие, и белые. Весь луг был в цветах.

Ребятишки разбрелись по лугу и стали рвать щавель. Всё дальше и дальше уходили они по высокой траве, по весёлым цветам.

Вдруг Федя сказал:

— Что-то здесь пчёл много!

— Правда, здесь пчёл много,— сказал и Ваня.— Всё время гудят.

— Эй, ребята,— закричал издали Гринька,— поворачивай обратно! Мы на пчельник забрели — вон ульи стоят!

Вокруг колхозного пчельника густо росли липы и акации. А сквозь ветки были видны маленькие пчелиные домики.

— Ребята, отступай! — скомандовал Гринька.— Только тихо, руками не махать, а то пчёлы закусают.

Ребятишки осторожно пошли от пчельника. Они шагали тихо и руками не махали, чтобы не сердить пчёл. И совсем было ушли от пчёл, но тут Ваня услышал, что кто-то плачет. Он оглянулся на товарищей, но Федя не плакал и Гринька не плакал, а плакал маленький Васятка, сын пчеловода. Он забрёл на пчельник и стоял среди ульев, а пчёлы так и налетали на него.

— Ребята! — крикнул Ваня.— Васятку пчёлы закусали!

— А что, нам за ним на пчельник идти? — ответил Гринька.— И нас пчёлы закусают.

— Надо его отца позвать,— сказал Федя.— Вот пойдём мимо их дома — его отцу скажем.

И оба пошли дальше. А Ваня вернулся и пошёл прямо на пчельник.

— Иди сюда! — крикнул он Васятке.

Но Васятка не слышал. Он отмахивался от пчёл и кричал во весь голос.

Ваня подошёл к Васятке, взял его за руку и повёл с пчельника. До самого дома довёл.

Васяткина мать выбежала на крыльцо, взяла Васятку на руки:

— Ах ты непослушный, зачем на пчельник ходил? Вон как пчёлы искусали! — Посмотрела на Ваню.— Ах, батюшки, Ванёк,— сказала она,— и тебе от пчёл досталось из-за Васятки! Ну, да ничего, ты не бойся: поболит — перестанет!

— Мне ничего,— сказал Ваня.

И пошёл домой. Пока шёл, у него распухла губа, и веко распухло, и глаз закрылся.

— Ну и хорош! — сказала бабушка.— Это кто же тебя так разукрасил?

— Пчёлы,— ответил Ваня.

— А почему же Гриньку и Федю пчёлы не тронули?

— Они убежали, а я Васятку вёл,— сказал Ваня.— А что ж такого? Поболит — перестанет.

Отец пришёл с поля обедать, посмотрел на Ваню и рассмеялся.

— Федя с Гринькой от пчёл убежали,— сказала бабушка,— а наш простофиля полез Васятку спасать. Вот бы мама сейчас его увидела — что бы она сказала?

Ваня глядел на отца одним глазом и ждал: что сказала бы мама?

А отец улыбнулся и похлопал Ваню по плечу:

— Она бы сказала: молодец у меня сынок! Вот бы что она сказала!

ВИКТОР ДРАГУНСКИЙ
(1913—1972)

ДРУГ ДЕТСТВА

Когда мне было лет шесть или шесть с половиной, я совершенно не знал, кем же я в конце концов буду на этом свете. Мне все люди вокруг очень нравились, и все работы тоже. У меня тогда в голове была ужасная путаница, я был какой-то растерянный и никак не мог толком решить, за что же мне приниматься.

То я хотел быть астрономом, чтоб не спать по ночам и наблюдать в телескоп далёкие звёзды, а то я мечтал стать капитаном дальнего плавания, чтобы стоять, расставив ноги, на капитанском мостике, и посетить далёкий Сингапур, и купить там забавную обезьянку. А то мне до смерти хотелось превратиться в машиниста метро или начальника станции и ходить в красной фуражке и кричать толстым голосом:

— Го-о-тов!

Или у меня разгорался аппетит выучиться на такого художника, который рисует на уличном асфальте белые полоски для мчащихся машин. А то мне казалось, что неплохо бы стать отважным путешественником вроде Алена Бомбара и переплыть все океаны на утлом челноке, питаясь одной только сырой рыбой. Правда, этот Бомбар после своего путешествия похудел на двадцать пять килограммов, а я всего-то весил двадцать шесть, так что выходило, что если я тоже поплыву, как он, то мне худеть будет совершенно некуда, я буду весить в конце путешествия только одно кило. А вдруг я где-нибудь не поймаю одну-другую рыбину и похудею чуть побольше? Тогда я, наверно, просто растаю в воздухе как дым, вот и все дела.

Когда я всё это подсчитал, то решил отказаться от этой затеи, а на другой день мне уже приспичило стать боксёром, потому что я увидел в телевизоре розыгрыш первенства Европы по боксу. Как они молотили друг друга — просто ужас какой-то! А потом показали их тренировку, и тут они колотили уже тяжёлую кожаную грушу — такой продолговатый тяжёлый мяч, по нему надо бить изо всех сил, лупить что есть мочи, чтобы развивать в себе силу удара. И я так нагляделся на всё на это, что тоже решил стать самым сильным человеком во дворе, чтобы всех побивать, в случае чего.

Я сказал папе:

— Папа, купи мне грушу!
— Сейчас январь, груш нет. Съешь пока морковку.

Я рассмеялся:

— Нет, папа, не такую! Не съедобную грушу! Ты, пожалуйста, купи мне обыкновенную кожаную боксёрскую грушу!

— А тебе зачем? — сказал папа.

— Тренироваться, — сказал я. — Потому что я буду боксёром и буду всех побивать. Купи, а?

— Сколько же стоит такая груша? — поинтересовался папа.

— Пустяки какие-нибудь, — сказал я. — Рублей десять или пятьдесят.

— Ты спятил, братец, — сказал папа. — Перебейся как-нибудь без груши. Ничего с тобой не случится.

И он оделся и пошёл на работу. А я на него обиделся за то, что он мне так со смехом отказал. И мама сразу же заметила, что я обиделся, и тотчас сказала:

— Стой-ка, я, кажется, что-то придумала. Ну-ка, ну-ка, погоди-ка одну минуточку.

И она наклонилась и вытащила из-под дивана большую плетёную корзинку; в ней были сложены старые игрушки, в которые я уже не играл. Потому что я уже вырос и осенью мне должны были купить школьную форму и картуз с блестящим козырьком.

Мама стала копаться в этой корзинке, и, пока она копалась, я видел мой старый трамвайчик без колёс и на верёвочке, пластмассовую дудку, помятый волчок, одну стрелу с резиновой нашлёпкой, обрывок паруса от лодки, и несколько погремушек, и много ещё разного игрушечного утиля. И вдруг мама достала со дна корзинки здоровущего плюшевого мишку.

Она бросила его мне на диван и сказала:

— Вот. Это тот самый, что тебе тётя Мила подарила. Тебе тогда два года исполнилось. Хороший мишка, отличный. Погляди, какой тугой! Живот какой толстый! Ишь как выкатил! Чем не груша? Ещё лучше! И покупать не надо! Давай тренируйся сколько душе угодно! Начинай!

И тут её позвали к телефону, и она вышла в коридор.

А я очень обрадовался, что мама так здорово придумала. И я устроил мишку поудобнее на диване, чтобы мне сподручней было об него тренироваться и развивать силу удара.

Он сидел передо мной такой шоколадный, но здорово облезлый, и у него были разные глаза: один его собственный — жёлтый стеклянный, а другой большой белый — из пуговицы от наволочки; я даже не помнил, когда он появился. Но это было неважно, потому что мишка довольно весело смотрел на меня своими разными глазами, и он расставил ноги и выпятил мне навстречу живот, а обе руки поднял кверху, как будто шутил, что вот он уже заранее сдаётся...

И я вот так посмотрел на него и вдруг вспомнил, как давным-давно я с этим мишкой ни на минуту не расставался, повсюду таскал его за собой, и нянькал его, и сажал его за стол рядом с собой обедать, и кормил его с ложки манной кашей, и у него такая забавная мордочка становилась, когда я его чем-нибудь перемазывал, хоть той же кашей или вареньем, такая забавная милая мордочка становилась у него тогда, прямо как живая, и я его спать с собой укладывал, и укачивал его, как маленького братишку, и шептал ему разные сказки прямо в его бархатные твёрденькие ушки, и я его любил тогда, любил всей душой, я за него тогда жизнь бы отдал. И вот он сидит сейчас на диване, мой бывший самый лучший друг, настоящий друг детства. Вот он сидит, смеётся разными глазами, а я хочу тренировать об него силу удара...

— Ты что,— сказала мама, она уже вернулась из коридора.— Что с тобой?

А я не знал, что со мной, я долго молчал и отвернулся от мамы, чтобы она по голосу или по губам не догадалась, что со мной, и я задрал голову к потолку, чтобы слёзы вкатились обратно, и потом, когда я скрепился немного, я сказал:

— Ты о чём, мама? Со мной ничего... Просто я раздумал. Просто я никогда не буду боксёром.

«ОН ЖИВОЙ И СВЕТИТСЯ...»

Однажды вечером я сидел во дворе, возле песка, и ждал маму. Она, наверно, задерживалась в институте, или в магазине, или, может быть, долго стояла на автобусной остановке. Не знаю. Только все родители нашего двора уже пришли, и все ребята пошли с ними по домам и уже, наверно, пили чай с бубликами и брынзой, а моей мамы всё ещё не было...

И вот уже стали зажигаться в окнах огоньки, и радио заиграло музыку, и в небе задвигались тёмные облака — они были похожи на бородатых стариков...

И мне захотелось есть, а мамы всё не было, и я подумал, что, если бы я знал, что моя мама хочет есть и ждёт меня где-то на краю света, я бы моментально к ней побежал, а не опаздывал бы и не заставлял её сидеть на песке и скучать. И в это время во двор вышел Мишка. Он сказал:

— Здорóво!

И я сказал:

— Здорово!

Мишка сел со мной и взял в руки самосвал.

— Ого! — сказал Мишка.— Где достал? А он сам набирает песок? Не сам? А сам сваливает? Да? А ручка? Для чего она? Её можно вертеть? Да? А? Ого! Дашь мне его домой?

Я сказал:

— Нет, не дам. Подарок. Папа подарил перед отъездом.

Мишка надулся и отодвинулся от меня. На дворе стало ещё темнее.

Я смотрел на ворота, чтоб не пропустить, когда придёт мама. Но она всё не шла. Видно, встретила тётю Розу, и они стоят и разговаривают и даже не думают про меня. Я лёг на песок. Тут Мишка говорит:

— Не дашь самосвал?

— Отвяжись, Мишка.

Тогда Мишка говорит:

— Я тебе за него могу дать одну Гватемалу и два Барбадоса!

Я говорю:

— Сравнил Барбадос с самосвалом...

А Мишка:

— Ну, хочешь, я дам тебе плавательный круг?

Я говорю:

— Он у тебя лопнутый.

А Мишка:

— Ты его заклеишь!

Я даже рассердился:

— А плавать где? В ванной? По вторникам?

И Мишка опять надулся. А потом говорит:

— Ну, была не была! Знай мою доброту! На!

И он протянул мне коробочку от спичек. Я взял её в руки.

— Ты открой её,— сказал Мишка,— тогда увидишь!

Я открыл коробочку и сперва ничего не увидел, а потом увидел маленький светло-зелёный огонёк, как будто где-то далеко-далеко от меня горела крошечная звёздочка, и в то же время я сам держал её сейчас в руках.

— Что это, Мишка,— сказал я шёпотом,— что это такое?
— Это светлячок,— сказал Мишка.— Что, хорош? Он живой, не думай.
— Мишка,— сказал я,— бери мой самосвал, хочешь? Навсегда бери, насовсем! А мне отдай эту звёздочку, я её домой возьму...

И Мишка схватил мой самосвал и побежал домой. А я остался со своим светлячком, глядел на него, глядел и никак не мог наглядеться: какой он зелёный, словно в сказке, и как он хоть и близко, на ладони, а светит, словно издалека... И я не мог ровно дышать, и я слышал, как стучит моё сердце, и чуть-чуть кололо в носу, как будто хотелось плакать.

И я долго так сидел, очень долго. И никого не было вокруг. И я забыл про всех на белом свете. Но тут пришла мама, и я очень обрадовался, и мы пошли домой. А когда стали пить чай с бубликами и брынзой, мама спросила:

— Ну, как твой самосвал?

А я сказал:

— Я, мама, променял его.

Мама сказала:

— Интересно! А на что?

Я ответил:

— На светлячка! Вот он, в коробочке живёт. Погаси-ка свет!

И мама погасила свет, и в комнате стало темно, и мы стали вдвоём смотреть на бледно-зелёную звёздочку.

Потом мама зажгла свет.

— Да,— сказала она,— это волшебство! Но всё-таки как ты решился отдать такую ценную вещь, как самосвал, за этого червячка?

— Я так долго ждал тебя,— сказал я,— и мне было так скучно, а этот светлячок, он оказался лучше любого самосвала на свете.

Мама пристально посмотрела на меня и спросила:

— А чем же, чем же именно он лучше?

Я сказал:

— Да как же ты не понимаешь?! Ведь он живой! И светится!..

ЮРИЙ КОВАЛЬ
(1938—1995)

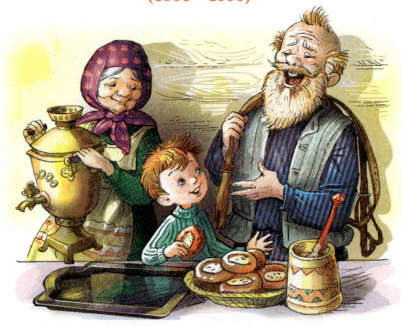

ДЕД, БАБА И АЛЁША

Заспорили дед да баба, на кого похож их внук.

Баба говорит:

— Алёша на меня похож. Такой же умный и хозяйственный.

Алёша говорит:

— Верно, верно, я весь в бабу.

Дед говорит:

— А по-моему, Алёша на меня похож. У него такие же глаза — красивые, чёрненькие. И наверно, у него такая же борода большая вырастет, когда Алёша и сам вырастет.

Алёше захотелось, чтоб у него выросла такая же борода, и он говорит:

— Верно, верно, я больше на деда похож.

Баба говорит:

— Какая борода большая вырастет, это ещё неизвестно. Но Алёша на меня куда сильнее похож. Он так же, как я, любит чай с мёдом, с пряниками, с вареньем и с ватрушками с творогом. А вот как раз самовар поспел. Сейчас посмотрим, на кого больше похож Алёша.

Алёша подумал немного и говорит:

— Пожалуй, я всё-таки сильно на бабу смахиваю.

Дед почесал в затылке и говорит:

— Чай с мёдом — это ещё не полное сходство. А вот Алёша точно так же, как я, любит лошадь запрягать, а потом на санках в лес кататься. Вот сейчас заложим санки да поедем в лес. Там, говорят, лоси объявились, сено из нашего стожка щиплют. Надо поглядеть.

Алёша подумал-подумал и говорит:

— Знаешь, деда, у меня так странно в жизни получается. Я полдня на бабу похож, а полдня — на тебя. Вот сейчас чаю попью и сразу на тебя похож буду.

И пока пил Алёша чай, он точно так же прикрывал глаза и отдувался, как бабушка, а уж когда мчались на санках в лес, точно так, как дед, кричал: «Но-ооо, милая! Давай! Давай!» — и щёлкал кнутом.

НУЛЕВОЙ КЛАСС

Приехала к нам в деревню новая учительница. Марья Семёновна.

А у нас и старый учитель был — Алексей Степанович.

Вот новая учительница стала со старым дружить. Ходят вместе по деревне, со всеми здороваются.

Дружили так с неделю, а потом рассорились. Все ученики к Алексей Степанычу бегут, а Марья Семёновна стоит в сторонке. К ней никто и не бежит — обидно.

Алексей Степанович говорит:

— Бегите-ко до Марьи Семёновны.

А ученики не бегут, жмутся к старому учителю. И действительно, серьёзно так жмутся, прямо к бокам его прижимаются.

— Мы её пугаемся, — братья Моховы говорят. — Она бруснику моет.

Марья Семёновна говорит:

— Ягоды надо мыть, чтоб заразу смыть.

От этих слов ученики ещё сильней к Алексей Степанычу жмутся.

Алексей Степанович говорит:

— Что поделаешь, Марья Семёновна, придётся мне ребят дальше учить, а вы заводите себе нулевой класс.

— Как это так?

— А так. Нюра у нас в первом классе, Федюша во втором, братья Моховы в третьем, а в четвёртом, как известно, никого нет. Но зато в нулевом классе ученики будут.

— И много? — обрадовалась Марья Семёновна.

— Много не много, но один — вон он, на дороге в луже стоит.

А прямо посреди деревни, на дороге и вправду стоял в луже один человек. Это был Ванечка Калачёв. Он месил глину резиновыми сапогами, воду запруживал. Ему не хотелось, чтоб вся вода из лужи вытекла.

— Да он же совсем маленький,— Марья Семёновна говорит,— он же ещё глину месит.

— Ну и пускай месит,— Алексей Степанович отвечает.— А вы каких же учеников в нулевой класс желаете? Трактористов, что ли? Они ведь тоже глину месят.

Тут Марья Семёновна подходит к Ванечке и говорит:

— Приходи, Ваня, в школу, в нулевой класс.

— Сегодня некогда,— Ванечка говорит,— запруду надо делать.

— Завтра приходи, утром пораньше.

— Вот не знаю,— Ваня говорит,— как бы утром запруду не прорвало.

— Да не прорвёт,— Алексей Степанович говорит и своим сапогом запруду подправляет.— А ты поучись немного в нулевом классе, а уж на другой год я тебя в первый класс приму. Марья Семёновна буквы тебе покажет.

— Какие буквы? Прописные или печатные?

— Печатные.

— Ну, это хорошо. Я люблю печатные, потому что они понятные.

На другой день Марья Семёновна пришла в школу пораньше, разложила на столе печатные буквы, карандаши, бумагу. Ждала, ждала, а Ванечки нет. Тут она почувствовала, что запруду всё-таки прорвало, и пошла на дорогу. Ванечка стоял в луже и сапогом запруду делал.

— Телега проехала,— объяснил он.— Приходится починять.

— Ладно,— сказала Марья Семёновна,— давай вместе запруду делать, а заодно и буквы учить.

И тут она своим сапогом нарисовала на глине букву «А» и говорит:

— Это, Ваня, буква «А». Рисуй теперь такую же.

Ване понравилось сапогом рисовать. Он вывел носочком букву «А» и прочитал:

— А.

Марья Семёновна засмеялась и говорит:

— Повторение — мать учения. Рисуй вторую букву «А».

И Ваня стал рисовать букву за буквой и до того зарисовался, что запруду снова прорвало.

— Я букву «А» рисовать дальше не буду,— сказал Ваня,— потому что плотину прорывает.

— Давай тогда другую букву,— Марья Семёновна говорит.— Вот буква «Б».

И она стала рисовать букву «Б».

А тут председатель колхоза на газике выехал. Он погудел газиком, Марья Семёновна с Ваней расступились, и председатель не только запруду прорвал своими колёсами, но и все буквы стёр с глины. Не знал он, конечно, что здесь происходит занятие нулевого класса.

Вода хлынула из лужи, потекла по дороге, всё вниз и вниз в другую лужу, а потом в овраг, из оврага в ручей, из ручья в речку, а уж из речки в далёкое море.

— Эту неудачу трудно ликвидировать,— сказала Марья Семёновна,— но можно. У нас остался последний шанс — буква «В». Смотри, как она рисуется.

И Марья Семёновна стала собирать разбросанную глину, укладывать её барьерчиком. И не только сапогами, но даже и руками сложила всё-таки на дороге букву «В». Красивая получилась буква, вроде крепости. Но, к сожалению, через сложенную ею букву хлестала и хлестала вода. Сильные дожди прошли у нас в сентябре.

— Я, Марья Семёновна, вот что теперь скажу,— заметил Ваня,— к вашей букве «В» надо бы добавить что-нибудь покрепче. И повыше. Предлагаю букву «Г», которую давно знаю.

Марья Семёновна обрадовалась, что Ваня такой образованный, и они вместе слепили не очень даже кривую букву «Г». Вы не поверите, но эти две буквы «В» и «Г» воду из лужи вполне задержали.

На другое утро мы снова увидели на дороге Ванечку и Марью Семёновну.

— Жэ! Зэ! — кричали они и месили сапогами глину.— Ка! Эль! И краткое!

Новая и невиданная книга лежала у них под ногами, и все наши жители осторожно обходили её, стороной объезжали на телеге, чтоб не помешать занятиям нулевого класса. Даже председатель проехал на своём газике так аккуратно, что не задел ни одной буквы.

Тёплые дни скоро кончились. Задул северный ветер, лужи на дорогах замёрзли.

Однажды под вечер я заметил Ванечку и Марью Семёновну. Они сидели на брёвнышке на берегу реки и громко считали:

— Пять, шесть, семь, восемь...

Кажется, они считали улетающих на юг журавлей.

А журавли и вправду улетали, и темнело небо, накрывающее нулевой класс, в котором все мы, друзья, наверно, ещё учимся.

ИРИНА ПИВОВАРОВА
(1939—1986)

ДЕНЬ ЗАЩИТЫ ПРИРОДЫ

— Ну, что новенького пишут? — сказала Катя Косте Палкину, когда Костя Палкин с газетой в руках вышел во двор.

Костя всегда выходил во двор с газетой. Несмотря на свой сравнительно ещё небольшой возраст, он очень любил читать газеты. И тут же рассказывал их содержание Кате и Мане.

— Да вот, про защиту природы пишут,— сказал Костя.— Сейчас все лучшие люди природу защищают. А плохие люди природу портят. Деревья ломают, леса не берегут, реки засоряют. Если так дальше дело пойдёт, никакой природы не останется!

— А почему мы природу не защищаем? — сказала Катя.—Давайте тоже природу защищать!

— Давайте! Давайте! — закричала Манечка.— Чур, я первая!

— А где же мы её будем защищать? — сказал Костя.— Во дворе, что ли?

— А что, у нас во дворе природы нет? — сказала Катя.— Ещё как есть! Давайте объявим день защиты природы в нашем дворе!

И они так и порешили. Объявить день защиты природы в их дворе. Они вышли во двор пораньше и стали сторожить, чтобы никто по газонам не бегал.

Но никто и не бегал.

Ещё они сторожили, чтобы деревья не ломали.

Но никто не ломал.

— А вдруг кто-нибудь будет цветы на клумбе рвать? — сказала Катя.— Надо смотреть в оба.

Смотрели, смотрели... Вдруг какая-то маленькая собачка как прыгнет в клумбу! И принялась цветы нюхать.

— Брысь! — замахали руками Катя с Маней.— Вон из клумбы!

А собачка на них поглядела, хвостиком помахала и давай снова цветы нюхать!

— Не нюхай! — кричат Катя с Маней.— Уйди с клумбы! Сломаешь цветы!

А собачка на них поглядела и принялась какую-то травинку жевать.

— Плюнь! Ты зачем природу портишь? — кричат Катя с Маней и бегают вокруг клумбы, хотят собачку прогнать.

А собачка стоит себе в клумбе и уже другую травинку жуёт, на Катю с Манечкой никакого внимания не обращает!

Тогда Катя с Маней не выдержали и в клумбу полезли. Манечка хотела собачку схватить, да растянулась, шлёпнулась прямо на георгины, два георгина сломала. Собачка убежала, а из окна дворник тётя Сима кричит:

— Эй, опять на клумбу полезли?! Опять хулиганите?! Я вам покажу, как цветы ломать!

Вот тебе и день защиты природы!

— Ничего,— сказал Костя Палкин.— Вы не огорчайтесь. Животные — это тоже природа. Давайте защищать животных в нашем дворе.

— Давайте! — обрадовалась Катя.

— Давайте! Давайте! — закричала Манечка.— Давайте нашего Мышкина будем защищать!

— Вашего Мышкина никто не обижает,— сказал Костя.— А надо проверить, вдруг в нашем дворе к животным кто-нибудь плохо относится?

— А как же мы проверим? — сказала Катя.

— Надо ходить по квартирам,— сказал Костя.— Вы идите в этот подъезд. А я пойду в тот. И если вы увидите, что кто-нибудь бьёт животных, или не кормит, или ещё как-нибудь обижает, то мы тогда напишем письмо в журнал «Друг природы».

— Правильно,— сказала Катя.— Пошли, Мань.

И они стали звонить подряд во все квартиры, заходить и спрашивать:

— Скажите, пожалуйста, у вас есть какие-нибудь животные?

— Есть,— сказали в пятой квартире.— У нас канарейка, а что?

— А вы её кормите? — сказали Катя с Маней.

— Конечно.

— А вы её не бьёте?

— Ещё чего?! Кто же это канареек бьёт? Тоже скажете!

— А вы с ней гулять ходите?

— Ну конечно, мы её на цепочке водим,— засмеялись в пятой квартире.— Видно, вам, девочки, делать нечего — вы тут всякие глупые вопросы задаёте!

— Ничего подобного! Просто мы животных защищаем! Если вы вашу канарейку обидите, мы возьмём и про вас письмо напишем в журнал «Друг природы»!

— Да что вы привязались? Не думаем мы канарейку обижать! Откуда вы только взялись на нашу голову!

В тринадцатой квартире им открыл какой-то большой мальчишка, на вид пятиклассник. Оказалось, что в этой квартире живёт кошка с котятами.

— Ты свою кошку кормишь? — спросили Катя с Маней у пятиклассника.

— А что?

— Как что? Кормишь ты свою кошку, мы спрашиваем?

— А вам какое дело!

— Очень даже большое! Кошек надо кормить, понятно? И котят тоже.

— Неужели? — удивился пятиклассник.— А я и не знал! Спасибо, что сказали!

— На здоровье! А ты их не бьёшь?

— Кого?

— Котят с кошкой.

— Бью. Палкой. С утра пораньше,—

сказал пятиклассник и вытолкал Катю с Маней за дверь.

— Дурак,— сказала Манечка.— Подумаешь какой! А ещё в очках...

В тридцать первой квартире за дверью жалобно скулила собака, но хозяева не открывали.

— Дома никого нету,— сказала Катя.— Бедная собачка! Она, наверно, голодная! Надо будет сюда снова прийти, покормить её...

...В сороковой квартире жила немецкая овчарка. Когда Кате и Манечке открыли дверь, она выскочила на площадку и принялась обнюхивать их.

— Ай! — испугалась Манечка.— Уберите её, пожалуйста, а то она укусится!

— Вам чего, девочки?
— Ничего, спасибо, мы дверью ошиблись!.. А скажите, пожалуйста, вы вашу собаку не обижаете?
— Зачем же её обижать? Она у нас умная, две медали имеет.
— Большое спасибо.
— Ну, как? — сказал Костя Палкин, когда они вышли из подъездов и встретились во дворе.— Кого-нибудь защитили?
— Нет,— сказали Катя и Манечка.— Надо в другой подъезд пойти.
— И я никого,— сказал Костя.— Не повезло что-то... может, завтра повезёт!
— Ка-а-тя! Ма-а-нечка! — позвала из окна Вероника Владимировна.— Идите домой!.. Где вы были? Я уже целый час кричу! — сердито сказала она, когда дочки вернулись.— Стоит вам выйти на улицу, как вы сразу голову теряете. Все свои обязанности тут же забываете! Готовы с утра до вечера гулять, а хомяки ваши бедные голодные сидят. И клетка у них грязная! И рыбкам давно воду поменять надо!.. А за песком для Мышкина опять мне бежать? Три дня вас уже прошу — допроситься не могу!!! Неужели вам животных не жалко! Безжалостные какие дети!

Мир вокруг нас

КОНСТАНТИН УШИНСКИЙ
(1824—1870)

ЧЕТЫРЕ ЖЕЛАНИЯ

Митя накатался на саночках с ледяной горы и на коньках по замёрзшей реке, прибежал домой румяный, весёлый и говорит отцу:

— Уж как весело зимой! Я бы хотел, чтобы всё зима была!

— Запиши твоё желание в мою карманную книжку,— сказал отец.

Митя записал.

Пришла весна. Митя вволю набегался за пёстрыми бабочками по зелёному лугу, нарвал цветов, прибежал к отцу и говорит:

— Что за прелесть эта весна! Я бы желал, чтобы всё весна была.

Отец опять вынул книжку и приказал Мите записать своё желание.

Настало лето. Митя с отцом отправились на сенокос. Весь длинный день веселился мальчик: ловил рыбу, набрал ягод, кувыркался в душистом сене и вечером сказал отцу:

— Вот уж сегодня я повеселился вволю! Я бы желал, чтобы лету конца не было!

И это желание Мити было записано в ту же книжку. Наступила осень. В саду собирали плоды — румяные яблоки и жёлтые груши. Митя был в восторге и говорил отцу:

— Осень лучше всех времён года!

Тогда отец вынул свою записную книжку и показал мальчику, что он то же самое говорил и о весне, и о зиме, и о лете.

ЧУЖОЕ ЯИЧКО

Рано утром встала старушка Дарья, выбрала тёмное, укромное местечко в курятнике, поставила туда корзинку, где на мягком сене были разложены 13 яиц, и усадила на них хохлатку. Чуть светало, и старуха не рассмотрела, что тринадцатое яичко было зеленоватое и поменьше прочих. Сидит курица прилежно, греет яички; сбегает поклевать зёрнышек, попить водицы — и опять на место; даже вылиняла, бедняжка. И какая стала сердитая: шипит, квохчет, даже петушку не даёт подойти, а тому очень хотелось заглянуть, что там в тёмном уголке делается. Просидела курочка недели с три, и стали из яичек цыплята выклёвываться один за другим: проклюнет скорлупку носом, выскочит, отряхнётся и станет бегать, ножками пыль разгребать, червячков искать.

Позже всех проклюнулся цыплёнок из зеленоватого яичка. И какой же странный он вышел, кругленький, пушистый, жёлтый, с коротенькими ножками, с широким носиком. «Странный у меня вышел цыплёнок,— думает курица,— и клюёт, и ходит-то он не по-нашему; носик широкий, ноги коротенькие, какой-то косолапый, с ноги на ногу переваливается». Подивилась курица своему цыплёнку, однако же какой ни на есть, а всё сын. И любит, и бережёт его курица, как и прочих, а если завидит ястреба,

то, распустивши перья и широко раздвинув круглые крылья, прячет под себя всех своих цыплят, не разбирая, какие у кого ноги.

    Стала курочка деток учить, как из земли червячков выкапывать, и повела всю семью на берег пруда: там-де червей больше и земля мягче. Как только коротконогий цыплёнок завидел воду, так прямо и кинулся в неё. Курица кричит, крыльями машет, к воде кидается; цыплята тоже перетревожились: бегают, суетятся, пищат, и один петушок с испугу даже вскочил на камешек, вытянул шейку и в первый ещё раз в своей жизни заорал осиплым голоском: «Ку-ку-ре-ку!» Помогите, мол, добрые люди, братец тонет! Но братец не утонул, а превесело и легко, как клок хлопчатой бумаги, плавал себе по воде, загребая воду своими широкими, перепончатыми лапами. На крик курицы выбежала из избы старая Дарья, увидела, что делается, и закричала: «Ахти, грех какой! Видно, это я сослепу подложила утиное яйцо под курицу».

    А курица так и рвалась к пруду: насилу могли отогнать бедную.

МИХАИЛ ПРИШВИН
(1873—1954)

ЛИСИЧКИН ХЛЕБ

Однажды я проходил в лесу целый день и под вечер вернулся домой с богатой добычей. Снял я с плеч тяжёлую сумку и стал своё добро выкладывать на стол.

— Это что за птица? — спросила Зиночка.
— Терентий,— ответил я.

И рассказал ей про тетерева: как он живёт в лесу, как бормочет весной, как берёзовые почки клюёт, ягодки осенью в болотах собирает, зимой греется от ветра под снегом. Рассказал ей тоже про рябчика, показал ей, что серенький, с хохолком, и посвистел в дудочку по-рябчиному и ей дал посвистеть.

Ещё я высыпал на стол много белых грибов, и красных, и чёрных. Ещё у меня была в кармане кровавая ягода костяника, и голубая черника, и красная брусника. Ещё я принёс с собой ароматный комочек сосновой смолы, дал понюхать девочке и сказал, что этой смолкой деревья лечатся.

— Кто же их там лечит? — спросила Зиночка.

— Сами лечатся,— ответил я.— Придёт, бывает, охотник, захочется ему отдохнуть, он и воткнёт топор в дерево и на топор сумку повесит, а сам ляжет под деревом. Поспит, отдохнёт. Вынет из дерева топор, сумку наденет, уйдёт. А из ранки от топора из дерева побежит эта ароматная смолка и ранку эту затянет.

Тоже, нарочно для Зиночки, принёс я разных чудесных трав по листику, по корешку, по цветочку: кукушкины слёзки, валерьянка, петров крест, заячья капуста. И как раз под заячьей капустой лежал у меня кусок чёрного хлеба: со мной это постоянно бывает, что, когда не возьму хлеба в лес — голодно, а возьму — забуду съесть и назад принесу.

А Зиночка, когда увидала у меня под заячьей капустой чёрный хлеб, так и обомлела:

— Откуда же это в лесу взялся хлеб?

— Что же тут удивительного? Ведь есть же там капуста...

— Заячья...

— А хлеб — лисичкин. Отведай.

Осторожно попробовала и начала есть.

— Хороший лисичкин хлеб.

И съела весь мой чёрный хлеб дочиста. Так и пошло у нас. Зиночка, копуля такая, часто и белый-то хлеб не берёт, а как я из лесу лисичкин хлеб принесу, съест всегда его весь и похвалит:

— Лисичкин хлеб куда лучше нашего!

ЖУРКА

Раз было у нас — поймали мы молодого журавля и дали ему лягушку. Он её проглотил. Дали другую — проглотил. Третью, четвёртую, пятую, а больше тогда лягушек у нас под рукой не было.

— Умница! — сказала моя жена и спросила меня: — А сколько он может съест их? Десять может?

— Десять,— говорю,— может.

— А ежели двадцать?

— Двадцать,— говорю,— едва ли...

Подрезали мы этому журавлю крылья, и стал он за женой всюду ходить. Она корову доить — и Журка с ней, она в огород — и Журке там надо, и тоже на полевые, колхозные работы ходит с ней и за водой. Привыкла к нему жена, как к своему собственному ребёнку, и без него ей уж скучно, без него никуда. Но только ежели случится — нет его, крикнет только одно: «Фру-фру!», и он к ней бежит. Такой умница.

Так живёт у нас журавль, а подрезанные крылья его всё растут и растут.

Раз пошла жена за водой вниз, к болоту, и Журка за ней. Лягушонок небольшой сидел у колодца и прыг от Журки в болото. Журка за ним, а вода глубокая, и с берега до лягушонка не дотянешься. Мах-мах крыльями Журка и вдруг полетел. Жена ахнула — и за ним. Мах-мах руками, а подняться не может. И в слёзы, и к нам: «Ах, ах, горе какое! Ах, ах!» Мы все прибежали к колодцу.

Видим: Журка далеко, на середине нашего болота сидит.

— Фру-фру! — кричу я.

И все ребята за мной тоже кричат:

— Фру-фру!

И такой умница! Как только услыхал он это наше «фру-фру», сейчас мах-мах крыльями и прилетел. Тут уж жена себя не помнит от радости, велит ребятам бежать скорее за лягушками. В этот год лягушек было множество, ребята скоро набрали два картуза. Принесли ребята лягушек, стали давать и считать. Дали пять — проглотил, дали десять — проглотил, двадцать, тридцать, да так вот и проглотил за один раз сорок три лягушки.

ЗОЛОТОЙ ЛУГ

У нас с братом, когда созревают одуванчики, была с ними постоянная забава. Бывало, идём куда-нибудь на свой промысел — он впереди, я в пяту.

«Серёжа!» — позову я его деловито. Он оглянется, а я фукну ему одуванчиком прямо в лицо. За это он начинает меня подкарауливать и тоже, как зазеваешься, фукнет. И так мы эти неинтересные цветы срывали только для забавы. Но раз мне удалось сделать открытие.

Мы жили в деревне, перед окном у нас был луг, весь золотой от множества цветущих одуванчиков. Это было очень красиво. Все говорили: «Очень красиво! Луг — золотой». Однажды я рано встал удить рыбу и заметил, что луг был не золотой, а зелёный. Когда же я возвращался около полудня домой, луг был опять весь золотой. Я стал наблюдать. К вечеру луг опять позеленел. Тогда я пошёл, отыскал одуванчик, и оказалось, что он сжал свои лепестки, как всё равно если бы у нас пальцы со стороны ладони были жёлтые и, сжав в кулак, мы закрыли бы жёлтое. Утром, когда солнце взошло, я видел, как одуванчики раскрывают свои ладони, и от этого луг становится опять золотым.

С тех пор одуванчик стал для нас одним из самых интересных цветов, потому что спать одуванчики ложились вместе с нами, детьми, и вместе с нами вставали.

ГЕОРГИЙ СКРЕБИЦКИЙ
(1903—1964)

ПУШОК

В доме у нас жил ёжик, он был ручной. Когда его гладили, он прижимал к спине колючки и делался совсем мягким. За это мы его прозвали Пушком.

Если Пушок бывал голоден, он гонялся за мной, как собака. При этом ёж пыхтел, фыркал и кусал меня за ноги, требуя еды.

Летом я брал Пушка с собой гулять в сад. Он бегал по дорожкам, ловил лягушат, жуков, улиток и с аппетитом их съедал.

Когда наступила зима, я перестал брать Пушка на прогулки, держал его дома. Кормили мы теперь Пушка молоком, супом, мочёным хлебом. Наестся, бывало, ёжик, заберётся за печку, свернётся клубочком и спит. А вечером вылезет и начнёт по комнатам бегать. Всю ночь бегает, лапками топает, всем спать мешает. Так он у нас в доме больше половины зимы прожил и ни разу на улице не побывал.

Но вот собрался я как-то на санках с горы кататься, а товарищей во дворе нет. Я и решил взять с собою Пушка. Достал ящичек, настелил туда сена и посадил ежа, а чтобы ему теплей было, сверху тоже сеном закрыл. Ящик поставил в санки и побежал к пруду, где мы всегда катались с горы.

Я бежал во весь дух, воображая себя конём, и вёз в санках Пушка.

Было очень хорошо: светило солнце, мороз щипал уши, нос. Зато ветер совсем утих, так что дым из деревенских труб не клубился, а прямыми столбами упирался в небо.

Я смотрел на эти столбы, и мне казалось, что это вовсе не дым, а с неба спускаются толстые синие верёвки и внизу к ним привязаны за трубы маленькие игрушечные домики.

Накатался я досыта с горы, повёз санки с ежом домой.

Везу. Вдруг навстречу ребята: бегут в деревню смотреть убитого волка. Его только что туда охотники привезли.

Я поскорее поставил санки в сарай и тоже за ребятами в деревню помчался. Там мы пробыли до самого вечера. Глядели, как с волка снимали шкуру, как её расправляли на деревянной рогатине.

О Пушке я вспомнил только на другой день. Очень испугался, не убежал ли он куда. Сразу бросился в сарай, к санкам. Гляжу — лежит мой Пушок, свернувшись, в ящичке и не двигается. Сколько я его ни тряс, ни тормошил, он даже не пошевелился. За ночь, видно, совсем замёрз и умер.

Побежал я к ребятам, рассказал о своём несчастье. Погоревали все вместе, да делать нечего, и решили похоронить Пушка в саду, закопать в снег в том самом ящике, в котором он умер.

Целую неделю мы все горевали о бедном Пушке. А потом мне подарили живого сыча: его поймали у нас в сарае. Он был дикий. Мы стали его приручать и забыли о Пушке.

Но вот наступила весна, да какая тёплая! Один раз утром отправился я в сад. Там весной особенно хорошо: зяблики поют, солнце светит, кругом лужи огромные, как озёра. Пробираюсь осторожно по дорожке, чтобы не начерпать грязи в калоши. Вдруг впереди, в куче прошлогодних листьев, что-то завозилось. Я остановился. Кто это — зверёк? Какой? Из-под тёмных листьев показалась знакомая мордочка, и чёрные глазки глянули прямо на меня.

Не помня себя я бросился к зверьку. Через секунду я уже держал в руках Пушка, а он обнюхивал мои пальцы, фыркал и тыкал мне в ладонь холодным носиком, требуя еды.

Тут же на земле валялся оттаявший ящичек с сеном, в котором Пушок благополучно проспал всю зиму. Я поднял ящичек, посадил туда ежа и с торжеством принёс домой.

ВОРИШКА

Однажды нам подарили молодую белку. Она очень скоро стала совсем ручная, бегала по всем комнатам, лазила на шкафы, этажерки, да так ловко — никогда ничего не уронит, не разобьёт.

В кабинете у отца над диваном были прибиты огромные оленьи рога. Белка часто по ним лазила: заберётся, бывало, на рог и сидит на нём, как на сучке дерева.

Нас, ребят, она хорошо знала. Только войдёшь в комнату — белка прыг откуда-нибудь со шкафа прямо на плечо. Это значит она просит сахару или конфетку. Очень любила сладкое. Конфеты и сахар у нас в столовой, в буфете лежали. Их никогда не запирали, потому что мы, дети, без спросу ничего не брали.

Но вот как-то зовёт мама нас всех в столовую и показывает пустую вазочку:

— Кто же это конфеты отсюда взял?

Мы глядим друг на друга и молчим — не знаем, кто из нас это сделал. Мама покачала головой и ничего не сказала. А на следующий день сахар из буфета пропал и опять никто не сознался, что взял. Тут уж и отец рассердился, сказал, что теперь всё будет запирать, а нам всю неделю сладкого не даст.

И белка заодно с нами без сладкого осталась.

Вспрыгнет, бывало, на плечо, мордочкой о щёку трётся, за ухо зубами дёргает — просит сахару. А где его взять?

Один раз после обеда сидел я тихонько на диване в столовой и читал. Вдруг вижу: белка вскочила на стол, схватила в зубы корочку хлеба — и на пол, а оттуда на шкаф. Через минуту, смотрю, опять на стол забралась, схватила вторую корочку — и опять на шкаф.

«Постой,— думаю,— куда это она хлеб всё носит?» Подставил я стул, заглянул на шкаф. Вижу — старая мамина шляпа лежит. Приподнял я её — вот тебе раз! Чего-чего только под нею нет: и сахар, и конфеты, и хлеб, и разные косточки...

Я — прямо к отцу, показываю: «Вот кто у нас воришка!»

А отец рассмеялся и говорит:

— Как же это я раньше не догадался! Ведь это наша белка на зиму себе запасы делает. Теперь осень, на воле все белки корм запасают, ну и наша не отстаёт, тоже запасается.

После такого случая перестали от нас запирать сладкое, только к буфету крючок приделали, чтобы белка туда залезть не могла. Но белка на этом не успокоилась, всё продолжала запасы на зиму готовить. Найдёт корочку хлеба, орех или косточку — сейчас схватит, убежит и запрячет куда-нибудь.

А то ходили мы как-то в лес за грибами. Пришли поздно вечером, усталые, поели —

и скорее спать. Кошёлку с грибами на окне оставили: прохладно там, не испортятся до утра.

Утром встаём — вся корзина пустая. Куда же грибы делись? Вдруг отец из кабинета кричит, нас зовёт. Прибежали к нему, глядим — все оленьи рога над диваном грибами увешаны. И на крючке для полотенца, и за зеркалом, и за картиной — всюду грибы. Это белка ранёхонько утром постаралась: развесила грибы себе на зиму посушить.

В лесу белки всегда осенью грибы на сучьях сушат. Вот и наша поспешила. Видно, почуяла зиму.

Скоро и вправду наступили холода. Белка всё старалась забраться куда-нибудь в уголок, где бы потеплее, а как-то раз она и вовсе пропала. Искали, искали её — нигде нет. Наверное, убежала в сад, а оттуда в лес.

Жалко нам стало белочки, да ничего не поделаешь.

Собрались топить печку, закрыли отдушник, наложили дров, подожгли. Вдруг в печке как завозится что-то, зашуршит! Мы отдушник поскорее открыли, а оттуда белка пулей выскочила — и прямо на шкаф.

А дым из печки в комнату так и валит, в трубу никак не идёт. Что такое? Брат сделал из толстой проволоки крючок и просунул его через отдушину в трубу, чтобы узнать, нет ли там чего.

Глядим — тащит из трубы галстук, мамину перчатку, даже бабушкину праздничную косынку там разыскал.

Всё это наша белка себе для гнезда в трубу затащила. Вот ведь какая! Хоть и в доме живёт, а лесные повадки не оставляет. Такова уж, видно, их беличья натура.

ВЕРА ЧАПЛИНА
(1908—1994)

МЕДВЕЖОНОК

Копуша

Этого медвежонка назвали Копушей, потому что она вечно копалась: последней выходила на прогулку, последней съедала свой обед.

Братец Копуши, Драный Нос, самый задорный и злой медвежонок, уже успевал подраться с другими медвежатами, сестра Лизунья — облизать свои и чужие миски, а Копуша всё копалась и копалась...

Из всех медвежат Копуша была одна такая спокойная, добрая. Ей можно было без опаски дать в рот палец, отобрать корм. Не то что Драный Нос. Тому не дашь палец: подойдёт, полижет и вдруг вцепится, да так, что не оторвёшь.

Он и к другим медвежатам всегда приставал. Слабый, а в драку лезет. Недаром с вечно драным носом ходил, оттого его так и прозвали.

Копуша была общей любимицей. Она и играла как-то по-особенному: медленно, важно. Бывало, перевернётся через голову, а потом сядет и смотрит: в чём дело, почему дерево с другой стороны очутилось?

Всех больше она дружила с самой молодой юннаткой — Маней, потому что на Маниных платьях было много пуговиц, а Копуша их любила сосать. Сосать — это любимое занятие медвежат, а Копуши — особенно. Сосала она всё, что попало. Была ли это собственная лапа, пуговица или ухо соседа — всё равно. От удовольствия она только жмурила глаза и урчала. Вообще Копуша была очень смирная. Такие медвежата встречаются редко. Обычно они бывают очень вспыльчивые, чуть что — кусаются, а она никогда.

Поэтому, когда меня пригласили в детский сад на утренник с каким-нибудь животным, чтобы рассказать о его жизни, я, не задумываясь, остановилась на Копуше.

В гостях у ребят

Приехала за нами машина с утра. Я попросила шофёра подождать и отправилась за Копушей. Копуша любила гулять. Она легко дала надеть цепь, радостно потянула меня из клетки и, неуклюже пришлёпывая лапами, побежала вперёд.

Но вот подошли к машине. Машина стояла чёрная, незнакомая, страшная и была совсем не похожа на тех зверей, которых видела Копуша. Она очень испугалась. Поднялась во весь свой маленький рост, глазёнки сделались круглые, губы вытянулись в трубочку, и так стояла не шевелясь. Потом вдруг испуганно повернулась и бросилась бежать. Удержала я её с трудом... Держала крепко, не давала уйти, и Копуша испугалась ещё больше. Откуда взялась и силёнка! Она упиралась всеми четырьмя лапами, хваталась за все предметы и так кричала, что со всего Зоопарка сбежались люди. Пришлось сажать её в ящик и потом уже ставить в машину.

Всю дорогу кричала, стонала и царапалась Копуша. Успокоилась только около детского сада. Я была очень рада, потому что хотела сделать ребятам сюрприз, а она своим криком могла всё испортить.

Копушу поместили в одной из комнат, а я пошла в столовую к ребятам. Несмотря на тайну, они, наверно, кое-что знали: нетерпеливо вертелись на стульях, поглядывали украдкой на дверь и таинственно шептались. И всё-таки, когда Копушу привели, раздалось общее «ах», потом: «Мишка, на!», и всё, что было на столе, очутилось перед ней.

Нужно ли говорить о том, что уж тут Копуша не испугалась. Она быстро оценила вкус яблок, конфет и печенья. Выбирала то одно, то другое, слизывала самое вкусное. Скоро её брюшко стало похоже на барабан, она едва ходила и смотрела посоловевшими глазками.

Ребята были в восторге. Они не знали, что делать. Ходили за Копушей по пятам, наперебой ласкали и всё упрашивали ещё скушать хоть кусочек.

Уехали мы очень поздно.

Ребята провожали Копушу, просили привозить её ещё, совали на дорогу сластей. Обратную дорогу она вела себя тише — не кричала, не царапалась. Чтобы не вести её на цепи, мы подъехали прямо к клетке. Вытащили из машины ящик, открыли и... ахнули. Посадили туда медвежонка, а вылез кондитерский магазин. Вся морда и голова Копуши были вымазаны кремом. Прилипли к шерсти кусочки печенья, из мягкой шерсти торчали конфеты, а во рту она держала большое яблоко. В таком виде её не узнали даже медвежата.

Как только Копуша вылезла, все двадцать пять медвежат, словно по команде, очутились на самой верхушке дерева. Зато что было, когда они её узнали и спустились вниз! Бедная Копуша!

Она не знала, куда деваться. Вся медвежья стая преследовала её по пятам, вырывала с шерстью прилипшие конфеты, отняли яблоко, а Драный Нос чуть не откусил ей вместе с кремом ухо.

В этот день медвежата улеглись очень поздно. Они крепко спали, а Копуша, вся ободранная и обсосанная, ещё долго ворочалась с боку на бок и обиженно стонала.

Неудавшаяся съёмка

В Зоопарке снимали картину, называлась она «Насекомые». В этой картине снимались разные букашки, бабочки, жуки и большой ёжик.

Клетки у нас все были заняты, и мы недолго думая поместили колючего артиста к Копуше.

Ёжик был старый и сердитый, но нужно сказать, что с медвежонком он ужился преотлично. Он даже не колол Копушу, когда она, приглашая поиграть, толкала его лапой, а только сердито сопел.

Копуша тоже снималась в кинокартине. Роль её была небольшая: залезть на дерево, открыть улей, достать мёд. Чтобы во время съёмки не вышло ошибки, решили её приучить. Для первого раза поставили улей на землю, положили в него мёд и пригласили Копушу. Копуша подошла недоверчиво. Вещь незнакомая, страшно: вдруг что выскочит, укусит, а Копуша была труслива. Долго ходила она вокруг улья: то понюхает его,

то потрогает; потом увидела, что страшного ничего нет, стала на задние лапы и полезла в отверстие носом. Нос потянул воздух и сказал, что пахнет вкусным.

Копуша заволновалась. Вкусное надо достать. Она попробовала сунуть туда голову, но голова была большая и не влезала. Напрасно Копуша старалась её втиснуть и поворачивала то одной, то другой стороной — ничего не выходило. Тогда она сунула лапу. Лапа прошла свободно. Копуша открыла улей, достала мёд... Конечно, он пришёлся ей по вкусу. Она облизала языком всё-всё, даже доски. Потом легла и, урча, засосала лапу.

В следующий раз мы подвесили улей на дерево. Я залезала с другой стороны по лестнице, клала мёд и звала «артистку». «Артистка» кубарем катилась к дереву, быстро влезала и выполняла всё, что от неё требовали. Эти занятия ей так понравились, что она даже лазила, когда не нужно.

Впрочем, это продолжалось недолго.

Недаром Копуша считалась у нас умницей. Скоро она заметила, что мёд бывает там только тогда, когда влезаю я, и после этого открытия стала зорко следить за мной. Не было возможности залезть незаметно на дерево. Как только я появлялась на площадке, Копуша бросалась ко мне. Я — к дереву, она — за мной. Неуклюжая, а бегала быстро, нипочём не уйдёшь. Поймает за ноги, тащит, кричит, а не дашь мёда — ещё укусит.

Однажды целую банку отняла, всё съела и даже не моргнула.

«Ну,— думаю я,— на тебя и мёда не напасёшься, буду лучше в клетку запирать и выпускать, когда всё приготовлю». Так и сделала. Копуше это не понравилось.

Чего она только не вытворяла! Кричала, рвала сетку, потом смешно складывала лапки и просила её выпустить.

От такой «артистки» режиссёр был в восторге. Ему не терпелось её скорее заснять.

Но вот наконец наступил долгожданный день съёмки. С утра светило солнышко, а мы волновались, торопились, готовились. Внутри улья уже находились посаженные туда заранее пчёлы, а режиссёр ещё раз проверил, всё ли на месте. И вдруг случилось то, чего никто не ожидал: Копуша скинула лапой крючок, открыла дверь и вышла.

Какой поднялся переполох, сказать трудно! Все до одного бросились наперерез «артистке». Каждый старался её схватить, задержать. Но, с невиданной для медведя ловкостью увёртываясь от ловивших её рук, Копуша всё-таки вскарабкалась на дерево. Она так спешила, что не заметила маленьких точек, которые зловеще летали вокруг.

Привычным движением просунула она в отверстие лапу, и тут... тут вылетела чёрная гудящая масса и окружила Копушу. Сначала она пробовала бороться с пчёлами. Била их то одной, то другой лапой, закрывала морду.

Но пчёлы лезли в нос, в уши, в глаза, забивались в шерсть и так кусались, что Копуша даже забыла про мёд. Кубарем скатилась она с дерева, валялась по земле, кричала, потом вскочила и без оглядки помчалась в клетку.

Одним словом, она сделала всё, что было нужно, но заснять её не успели. Заставить же ещё раз лезть на дерево не могли. Не помогла и банка с мёдом.

А утром, вся распухшая от укусов, больная и скучная, она отказывалась и от пищи.

Этим и кончился неудавшийся номер с кражей мёда и Копушина карьера «артистки».

НИКОЛАЙ СЛАДКОВ
(1920—1996)

ВЕСЕННЯЯ БАНЯ

Ванятка считал себя знатоком птиц. Ему приходилось держать в клетках чижей, чечёток, снегирей, синиц, щеглов, клестов, зябликов. А сегодня вышел Ванятка из школы и видит: на краю снеговой лужи сидят три совершенно незнакомые птички ростом с воробья. Одна чёрная, другая коричневая, а третья вовсе рыжая.

Прыг-прыг-прыг — по гузку, по самый хвостик — в лужу, и ну купаться! То грудку окунут в воду, то на задок присядут и бьют, бьют тупыми крылышками по воде, трепыхаются в ней. Брызги над ними как фейерверк: в каждой капельке — искорка солнца.

Выскочили из лужи и, встряхнув мокрые крылышки, взъерошенные, перелетели на песчаную дорожку. И — вот глупыши! — давай барахтаться в грязном песке. Песок к перу липнет — измазались все! Не поймёшь, какого и цвета стали.

Скоро так песком облипли, что и летать не могут. По земле поскакали.

Прыг-дрыг-скок — и опять в лужу! Опять над ними солнечный фейерверк, да ещё радуга в брызгах. Моются, стараются.

Выкупались, вымылись — и выскочили на бережок.

Ванятка так и ахнул:

— Воробьи! Все трое — обыкновеннейшие воробьи!

Все трое серенькие, свеженькие такие, чистенькие. А вот вода в луже стала грязной...

Понял Ванятка: воробьи так за зиму измазались, что и на себя стали не похожи. Это они сейчас в бане мылись, зимнюю грязь с себя смывали. С песочком тёрли!

Чёрный сажу смывал: он всю зиму в дымовой трубе ночевал.

Коричневый — спал в сыром дупле, в гнилой трухе вымазался.

Рыжий — в кирпичной стене устроился, в дырке.

Вот и стала вода в луже чёрно-кирпично-коричневой.

— С лёгким паром! — крикнул Ванятка воробьям и побежал домой, разбрызгивая ногами весенние лужи.

БЕЗ СЛОВ

— **Ч**его они, дурачки, меня боятся? — спросила Люся.

— Кто боится тебя? — спросил я.

— Воробьи.

В скверике прыгали воробьи. Люся кидала им крошки, а они в страхе улетали.

— Почему они улетают? — удивлялась Люся.

Загадала девочка мне загадку! Действительно — почему? Раньше я не думал об этом: боятся и боятся. На то они и дикие птицы. Но вот девочка хочет их накормить, воробьи голодны, но они улетают. Почему?

— Почему они меня боятся? Я ведь никогда их не обижала! — говорит Люся.

— Ты не виновата,— успокаиваю я её.

— А кто виноват?

— Мы виноваты. Все-все. Одни — потому что всегда птиц обижали, другие — потому что позволяли обижать.

— Но за что же их обижать? Они ведь маленькие...

— Ничего,— сказал я Люсе.— Ты бросай и бросай им крошки, и они поймут, что ты им друг.

— Вы думаете, они поймут?

— Непременно поймут! Ведь поняли же они, что надо спасаться, когда в них кидают камни.

— Я им скажу, что я бросаю не камни, а крошки!

— Ничего не нужно говорить, Люся. Они поймут без слов.

— Без слов? А я-то думала, что они дурачки! — сказала Люся.

Птицы поняли Люсю.

ТОПИК И КАТЯ

Дикого сорочонка назвали Катей, а крольчонка домашнего — Топиком. Посадили домашнего Топика и дикую Катю вместе.

Катя сразу же клюнула Топика в глаз, а он стукнул её лапой. Но скоро они подружились и зажили душа в душу: душа птичья и душа звериная. Стали две сироты друг у друга учиться.

Топик стрижёт травинки, и Катя, на него глядя, начинает травинки щипать. Ногами упирается, головой трясёт — тянет изо всех своих птенцовых сил. Топик нору роет — Катя рядом крутится, тычет носом в землю, помогает рыть.

Зато когда Катя забирается на грядку с густым мокрым салатом и начинает в нём купаться — трепыхаться и подскакивать,— к ней на обучение ковыляет Топик. Но ученик он ленивый: сырость ему не нравится, купаться он не любит, и поэтому он просто начинает салат грызть.

Катя же научила Топика воровать с грядок землянику. Глядя на неё, и он стал объедать спелые ягоды. Но тут мы брали веник и прогоняли обоих.

Очень любили Катя и Топик играть в догонялки. Для начала Катя взбиралась Топику на спину и начинала долбить в макушку и щипать за уши. Когда терпение у Топика лопалось, он вскакивал и пытался удрать. Со всех своих двух ног, с отчаянным криком, помогая куцыми крыльями, пускалась вдогонку Катя. Начиналась беготня и возня.

Однажды, гоняясь за Топиком, Катя вдруг взлетела. Так Топик научил Катю летать. А сам потом научился от неё таким прыжкам, что никакие собаки стали ему не страшны.

Так вот и жили Катя и Топ. Днём играли, ночью спали на огороде. Топик в укропе, а Катя на грядке с луком. И так пропахли укропом и луком, что даже собаки, глядя на них, чихали.

Расскажу вам сказку ...

ВЛАДИМИР ДАЛЬ
(1801—1872)

ДЕВОЧКА СНЕГУРОЧКА

Жили-были старик со старухой, у них не было ни детей, ни внучат. Вот вышли они за ворота в праздник, посмотреть на чужих ребят, как они из снегу комочки катают, в снежки играют. Старик поднял комочек да и говорит:

— А что, старуха, кабы у нас с тобой была дочка, да такая беленькая, да такая кругленькая!

Старуха на комочек посмотрела, головой покачала да и говорит:

— Что ж будешь делать — нет, так и взять негде.

Однако старик принёс комочек снегу в избу, положил в горшочек, накрыл ветошкой[1] и поставил на окошко. Взошло солнышко, пригрело горшочек, и снег стал таять. Вот и слышат старики — пищит что-то в горшочке под ветошкой; они к окну — глядь, а в горшочке лежит девочка, беленькая, как снежок, и кругленькая, как комок, и говорит им:

— Я девочка Снегурочка, из вешнего снегу скатана, вешним солнышком пригрета и нарумянена.

Вот старики обрадовались, вынули её, да ну старуха скорее шить да кроить, а старик, завернув Снегурочку в полотенечко, стал её нянчить и пестовать:

> Спи, наша Снегурочка,
> Сдобная кокурочка[2],
> Из вешнего снегу скатана,
> Вешним солнышком пригретая!
> Мы тебя станем поить,
> Мы тебя станем кормить,
> В цветно платье рядить,
> Уму-разуму учить!

Вот и растёт Снегурочка на радость старикам, да такая-то умная, такая-то разумная, что такие только в сказках живут, а взаправду не бывают.

Всё шло у стариков как по маслу: и в избе хорошо, и на дворе неплохо, скотинка зиму

---

[1] Ветóшка — тряпочка.
[2] Кокýрочка (кокýрка) — сдобная лепёшка.

перезимовала, птицу выпустили на двор. Вот как перевели птицу из избы в хлев, тут и случилась беда: пришла к стариковой Жучке лиса, прикинулась больной и ну Жучку умаливать, тоненьким голосом упрашивать:

— Жученька, Жучок, беленькие ножки, шёлковый хвостик, пусти в хлевушок погреться!

Жучка, весь день за стариком в лесу пробегавши, не знала, что старуха птицу в хлев загнала, сжалилась над больной лисой и пустила её туда. А лиска двух кур задушила да домой утащила. Как узнал про это старик, так Жучку прибил и со двора согнал.

— Иди,— говорит,— куда хочешь, а мне ты в сторожа не годишься!

Вот и пошла Жучка, плача, со старикова двора, а пожалели о Жучке только старушка да девочка Снегурочка.

Пришло лето, стали ягоды поспевать, вот и зовут подружки Снегурочку в лес по ягодки. Старики и слышать не хотят, не пускают. Стали девочки обещать, что Снегурочку они из рук не выпустят, да и Снегурочка сама просится ягодок побрать да на лес посмотреть. Отпустили её старики, дали кузовок да пирожка кусок.

Вот и побежали девчонки со Снегурочкой под ручки, а как в лес пришли да увидали ягоды, так все про всё позабыли, разбежались по сторонам, ягодки берут да аукаются, в лесу друг дружке голос подают.

Ягод понабрали, а Снегурочку в лесу потеряли.

Стала Снегурочка голос подавать — никто ей не откликается. Заплакала бедняжка, пошла дорогу искать, хуже того заплуталась: вот и влезла на дерево и кричит: «Ау! ау!»

Идёт медведь, хворост трещит, кусты гнутся:

— О чём, девица, о чём, красная?

— Ау-ау! Я девочка Снегурочка, из вешнего снегу скатана, вешним солнцем подрумянена, выпросили меня подружки у дедушки, у бабушки, в лес завели и покинули!

— Слезай,— сказал медведь,— я тебя домой доведу!

— Нет, медведь,— отвечала девочка Снегурочка,— я не пойду с тобой, я боюсь тебя — ты съешь меня!

Медведь ушёл.

Бежит серый волк:

— Что, девица, плачешь, что, красная, рыдаешь?

— Ау-ау! Я девочка Снегурочка, из вешнего снегу скатана, вешним солнышком подрумянена, выпросили меня подружки у дедушки, у бабушки в лес по ягоды, а в лес завели да и покинули!

— Слезай,— сказал волк,— я доведу тебя до дому!

— Нет, волк, я не пойду с тобой, я боюсь тебя — ты съешь меня!

Волк ушёл. Идёт Лиса Патрикеевна:

— Что, девица, плачешь, что, красная, рыдаешь?

— Ау-ау! Я девочка Снегурочка, из вешнего снегу скатана, вешним солнышком подрумянена, выпросили меня подружки у дедушки, у бабушки в лес по ягоды, а в лес завели да и покинули!

— Ах, красавица! Ах, умница! Ах, горемычная моя! Слезай скорёхонько, я тебя до дому доведу!

— Нет, лиса, льстивы слова, я боюсь тебя — ты меня к волку заведёшь, ты медведю отдашь... Не пойду я с тобой!

Стала лиса вокруг дерева обхаживать, на девочку Снегурочку поглядывать, с дерева её сманивать, а девочка не идёт.

— Гам, гам, гам! — залаяла собака в лесу. А девочка Снегурочка закричала:

— Ау-ау, Жученька! Ау-ау, милая! Я здесь — девочка Снегурочка, из вешнего снега скатана, вешним солнышком подрумянена, выпросили меня подруженьки у дедушки, у бабушки в лес по ягодки, в лес завели да и покинули. Хотел меня медведь унести, я не пошла с ним; хотел волк увести, я отказала ему; хотела лиса сманить, я в обман не далась, а с тобой, Жучка, пойду!

Вот как услыхала лиса собачий лай, так махнула пушняком своим и была такова!

Снегурочка с дерева слезла, Жучка подбежала, её лобызала, всё личико облизала и повела домой.

Стоит медведь за пнём, волк на прогалине, лиса по кустам шныряет.

Жучка лает, заливается, все её боятся, никто не приступается.

Пришли они домой; старики с радости заплакали.

Снегурочку напоили, накормили, спать уложили, одеяльцем накрыли:

Спи, наша Снегурочка,
Сдобная кокурочка,
Из вешнего снегу скатана,
Вешним солнышком пригретая!
Мы тебя станем поить,
Мы тебя станем кормить,
В цветно платьице рядить,
Уму-разуму учить!

Жучку простили, молоком напоили, приняли в милость, на старое место приставили, стеречь двор заставили.

ДМИТРИЙ МАМИН-СИБИРЯК
(1852—1912)

СКАЗКА ПРО ХРАБРОГО ЗАЙЦА — ДЛИННЫЕ УШИ, КОСЫЕ ГЛАЗА, КОРОТКИЙ ХВОСТ

Родился зайчик в лесу и всё боялся. Треснет где-нибудь сучок, вспорхнёт птица, упадёт с дерева ком снега — у зайчика душа в пятки.

Боялся зайчик день, боялся два, боялся неделю, боялся год, а потом вырос он большой, и вдруг надоело ему бояться.

— Никого я не боюсь! — крикнул он на весь лес.— Вот не боюсь нисколько, и всё тут!

Собрались старые зайцы, сбежались маленькие зайчата, приплелись старые зайчихи — все слушают, как хвастается Заяц —

длинные уши, косые глаза, короткий хвост,— слушают и своим собственным ушам не верят. Не было ещё, чтобы заяц не боялся никого.

— Эй ты, косой глаз, ты и волка не боишься?

— И волка не боюсь, и лисицы, и медведя — никого не боюсь!

Это уж выходило совсем забавно. Хихикнули молодые зайчата, прикрыв мордочки передними лапками, засмеялись добрые старушки зайчихи, улыбнулись даже старые зайцы, побывавшие в лапах у лисы и отведавшие волчьих зубов. Очень уж смешной Заяц!.. Ах, какой смешной! И всем вдруг сделалось весело. Начали кувыркаться, прыгать, скакать, перегонять друг друга, точно все с ума сошли.

— Да что тут долго говорить! — кричал расхрабрившийся окончательно Заяц.— Ежели мне попадётся волк, так я его сам съем...

— Ах, какой смешной Заяц! Ах, какой он глупый!..

Все видят, что и смешной и глупый, и все смеются. Кричат зайцы про Волка, а Волк — тут как тут. Ходил он, ходил в лесу по своим волчьим делам, проголодался и только подумал: «Вот бы хорошо зайчиком закусить!» — как слышит, что где-то совсем близко зайцы кричат и его, серого Волка, поминают. Сейчас он остановился, понюхал воздух и начал подкрадываться.

Совсем близко подошёл Волк к разыгравшимся зайцам, слышит, как они над ним смеются, а всех больше — хвастун Заяц — косые глаза, длинные уши, короткий хвост.

«Э, брат, погоди, вот тебя-то я и съем!» — подумал серый Волк и начал выглядывать, который заяц хвастается своей храбростью. А зайцы ничего не видят и веселятся пуще прежнего. Кончилось тем, что хвастун Заяц взобрался на пенёк, уселся на задние лапки и заговорил:

— Слушайте вы, трусы! Слушайте и смотрите на меня. Вот я сейчас покажу вам одну штуку. Я... я... я...

Тут язык у хвастуна точно примёрз.

Заяц увидел глядевшего на него Волка. Другие не видели, а он видел и не смел дохнуть.

Дальше случилась совсем необыкновенная вещь.

Заяц-хвастун подпрыгнул кверху, точно мячик, и со страха упал прямо на широкий волчий лоб, кубарем прокатился по волчьей спине, перевернулся ещё раз в воздухе и потом задал такого стрекача, что, кажется, готов был выскочить из собственной кожи.

Долго бежал несчастный Зайчик, бежал, пока совсем не выбился из сил.

Ему всё казалось, что Волк гонится по пятам и вот-вот схватит его своими зубами.

Наконец совсем обессилел бедняга, закрыл глаза и замертво свалился под куст.

А Волк в это время бежал в другую сторону. Когда Заяц упал на него, ему показалось, что кто-то в него выстрелил.

И Волк убежал. Мало ли в лесу других зайцев можно найти, а этот был какой-то бешеный...

Долго не могли прийти в себя остальные зайцы. Кто удрал в кусты, кто спрятался за пенёк, кто завалился в ямку.

Наконец надоело всем прятаться, и начали понемногу выглядывать кто похрабрее.

— А ловко напугал Волка наш Заяц! — решили все.— Если бы не он, так не уйти бы нам живыми... Да где же он, наш бесстрашный Заяц?..

Начали искать.

Ходили, ходили — нет нигде храброго Зайца. Уж не съел ли его другой волк? Наконец-таки нашли: лежит в ямке под кустиком и еле жив от страха.

— Молодец, косой! — закричали все зайцы в один голос.— Ай да косой!.. Ловко ты напугал старого Волка. Спасибо, брат! А мы думали, что ты хвастаешь.

Храбрый Заяц сразу приободрился. Вылез из своей ямки, встряхнулся, прищурил глаза и проговорил:

— А вы бы как думали? Эх вы, трусы...

С этого дня храбрый Заяц начал сам верить, что он действительно никого не боится.

Баю-баю-баю...

ВИТАЛИЙ БИАНКИ
(1894—1959)

ХВОСТЫ

Прилетела Муха к Человеку и говорит:

— Ты хозяин над всеми зверями, ты всё можешь сделать. Сделай мне хвост.

— А зачем тебе хвост? — говорит Человек.

— А затем мне хвост, — говорит Муха, — зачем он у всех зверей, — для красоты.

— Я таких зверей не знаю, у которых хвост для красоты. А ты и без хвоста хорошо живёшь.

Рассердилась Муха и давай Человеку надоедать: то на сладкое блюдо сядет, то на нос ему перелетит, то у одного уха жужжит, то у другого. Надоела, сил нет! Человек ей и говорит:

— Ну ладно! Лети ты, Муха, в лес, на реку, в поле. Если найдёшь там зверя, птицу или гада, у которого хвост для красоты только привешен, можешь его хвост себе взять. Я разрешаю.

Обрадовалась Муха и вылетела в окошко. Летит она садом и видит: по листу Слизняк ползёт. Подлетела Муха к Слизняку и кричит:

— Отдай мне твой хвост, Слизняк! Он у тебя для красоты.

— Что ты, что ты! — говорит Слизняк.— У меня и хвоста-то нет: это ведь брюхо моё. Я его сжимаю да разжимаю,— только так и ползаю. Я — брюхоног.

Муха видит — ошиблась,— и полетела дальше. Прилетела к речке, а в речке Рыба и Рак — оба с хвостами. Муха к Рыбе:

— Отдай мне твой хвост! Он у тебя для красоты.

— Совсем не для красоты,— отвечает Рыба.— Хвост у меня — руль. Видишь: надо мне направо повернуть — я хвост вправо поворачиваю; надо налево — я влево хвост кладу. Не могу я тебе свой хвост отдать.

Муха к Раку:

— Отдай мне твой хвост, Рак!

— Не могу отдать,— отвечает Рак.— Ножки у меня слабые, тонкие, я ими грести не могу. А хвост у меня широкий и сильный. Я как шлёпну хвостом по воде, так меня и подбросит. Шлёп, шлёп — и плыву, куда мне надо. Хвост у меня вместо весла.

Полетела Муха дальше. Прилетела в лес, видит: на суку Дятел сидит. Муха к нему:

— Отдай мне твой хвост, Дятел! Он у тебя для красоты только.

— Вот чудачка! — говорит Дятел.— А как же я деревья-то долбить буду, еду себе искать, гнёзда для детей устраивать?

— А ты носом,— говорит Муха.

— Носом-то носом,— отвечает Дятел,— да ведь и без хвоста не обойдёшься. Вот гляди, как я долблю.

Упёрся Дятел крепким, жёстким своим хвостом в кору, размахнулся всем телом да как стукнет носом по суку — только щепки полетели!

Муха видит: верно, на хвост Дятел садится, когда долбит,— нельзя ему без хвоста. Хвост ему подпоркой служит.

Полетела дальше.

Видит: Оленуха в кустах со своими оленятами. И у Оленухи хвостик — маленький, пушистый, беленький хвостик. Муха как зажужжит:

— Отдай мне твой хвостик, Оленуха!

Оленуха испугалась.

— Что ты, что ты! — говорит.— Если я отдам тебе свой хвостик, так мои оленятки пропадут.

— Оленяткам-то зачем твой хвост? — удивилась Муха.

— А как же,— говорит Оленуха.— Вот погонится за нами Волк. Я в лес кинусь —

прятаться. И оленятки за мной. Только им меня не видно между деревьями. А я им белым хвостиком машу, как платочком: «Сюда бегите, сюда!» Они видят — беленькое впереди мелькает,— бегут за мной. Так все и убежим от Волка.

Нечего делать, полетела Муха дальше.

Полетела дальше и увидала Лисицу. Эх и хвост у Лисицы! Пышный да рыжий, красивый-красивый!

«Ну,— думает Муха,— уж этот-то хвост мой будет».

Подлетела к Лисице, кричит:

— Отдай хвост!

— Что ты, Муха! — отвечает Лисица.— Да без хвоста я пропаду. Погонятся за мной собаки, живо меня, бесхвостую, поймают. А хвостом я их обману.

— Как же ты,— спрашивает Муха,— обманешь их хвостом?

— А как станут меня собаки настигать, я хвостом верть! верть! — туда-сюда, хвост вправо, сама влево. Собаки увидят, что хвост мой вправо метнулся, и кинутся вправо. Да пока разберут, что ошиблись, я уж далеко.

Видит Муха: у всех зверей хвост для дела, нет лишних хвостов ни в лесу, ни в реке. Нечего делать, полетела Муха домой. Сама думает:

«Пристану к Человеку, буду ему надоедать, пока он мне хвост не сделает».

Человек сидел у окошка, смотрел на двор.

Муха ему на нос села. Человек бац себя по носу! — а Муха уж ему на лоб пересела. Человек бац по лбу! — а Муха уж опять на носу.

— Отстань ты от меня, Муха! — взмолился Человек.

— Не отстану,— жужжит Муха.— Зачем надо мной посмеялся, свободных хвостов искать послал? Я у всех зверей спрашивала — у всех зверей хвост для дела.

Человек видит: не отвязаться ему от Мухи — вон какая надоедная!

Подумал и говорит:

— Муха, Муха, а вон Корова на дворе. Спроси у неё, зачем ей хвост.

— Ну ладно,— говорит Муха,— спрошу ещё у Коровы. А если и Корова не отдаст мне хвоста, сживу тебя, Человек, со свету.

Вылетела Муха в окошко, села Корове на спину и давай жужжать, выспрашивать:

— Корова, Корова, зачем тебе хвост? Корова, Корова, зачем тебе хвост?

Корова молчала, молчала, а потом как хлестнёт себя хвостом по спине — и пришлёпнула Муху.

Упала Муха на землю — дух вон, и ножки кверху.

А Человек и говорит из окошка:

— Так тебе, Муха, и надо — не приставай к людям, не приставай к зверям, надоеда.

ВАЛЕНТИН КАТАЕВ
(1897—1986)

ДУДОЧКА И КУВШИНЧИК

Поспела в лесу земляника.

Взял папа кружку, взяла мама чашку, девочка Женя взяла кувшинчик, а маленькому Павлику дали блюдечко.

Пришли они в лес и стали собирать ягоду: кто раньше наберёт.

Выбрала мама Жене полянку получше и говорит:

— Вот тебе, дочка, отличное местечко. Здесь очень много земляники. Ходи собирай.

Женя вытерла кувшинчик лопухом и стала ходить.

Ходила-ходила, смотрела-смотрела, ничего не нашла и вернулась с пустым кувшинчиком.

Видит — у всех земляника. У папы четверть кружки. У мамы полчашки. А у маленького Павлика на блюдечке две ягоды.

— Мама, а мама, почему у всех у вас есть, а у меня ничего нету? Ты мне, наверное, выбрала самую плохую полянку.

— А ты хорошо искала?

— Да. Там ни одной ягоды, одни листики.

— А под листики ты заглядывала?

— Не заглядывала.

— Вот видишь! Надо заглядывать.

— А почему Павлик не заглядывает?

— Павлик маленький. Он сам ростом с землянику, ему и заглядывать не надо, а ты уже девочка довольно высокая.

А папа говорит:

— Ягодки — они хитрые. Они всегда от людей прячутся. Их нужно уметь доставать. Гляди, как я делаю.

Тут папа присел, нагнулся к самой земле, заглянул под листики и стал искать ягодку за ягодкой, приговаривая:

— Одну ягодку беру, на другую смотрю, третью замечаю, а четвёртая мерещится.

— Хорошо,— сказала Женя.— Спасибо, папочка. Буду так делать.

Пошла Женя на свою полянку, присела на корточки, нагнулась к самой земле и заглянула под листики. А под листиками ягод видимо-невидимо. Глаза разбегаются. Стала Женя рвать ягоды и в кувшинчик бросать. Рвёт и приговаривает:

— Одну ягодку беру, на другую смотрю, третью замечаю, а четвёртая мерещится.

Однако скоро Жене надоело сидеть на корточках.

«Хватит с меня,— думает.— Я уж и так, наверное, много набрала».

Встала Женя на ноги и заглянула в кувшинчик. А там всего четыре ягоды.

Совсем мало! Опять надо на корточки садиться. Ничего не поделаешь.

Села Женя опять на корточки, стала рвать ягоды, приговаривать:

— Одну ягодку беру, на другую смотрю, третью замечаю, а четвёртая мерещится.

Заглянула Женя в кувшинчик, а там всего-навсего восемь ягодок — даже дно не закрыто.

«Ну,— думает,— так собирать мне совсем не нравится. Всё время нагибайся да нагибайся. Пока наберёшь полный кувшинчик, чего доброго, и устать можно. Лучше я пойду поищу себе другую полянку».

Пошла Женя по лесу искать такую полянку, где земляника не прячется под листиками, а сама на глаза лезет и в кувшинчик просится.

Ходила-ходила, полянки такой не нашла, устала и села на пенёк отдыхать. Сидит, от нечего делать ягоды из кувшинчика вынимает и в рот кладёт. Съела все восемь ягод, заглянула в пустой кувшинчик и думает: «Что же теперь делать? Хоть бы мне кто-нибудь помог!»

Только она это подумала, как мох зашевелился, мурава раздвинулась, и из-под пенька вылез небольшой крепкий старичок: пальто белое, борода сизая, шляпа бархатная и поперёк шляпы сухая травинка.

— Здравствуй, девочка,— говорит.
— Здравствуй, дяденька.
— Я не дяденька, а дедушка. Аль не узнала? Я старик-боровик, коренной лесовик, главный начальник над всеми грибами и ягодами. О чём вздыхаешь? Кто тебя обидел?
— Обидели меня, дедушка, ягоды.
— Не знаю. Они у меня смирные. Как же они тебя обидели?

— Не хотят на глаза показываться, под листики прячутся. Сверху ничего не видно. Нагибайся да нагибайся. Пока наберёшь полный кувшинчик, чего доброго, и устать можно.

Погладил старик-боровик, коренной лесовик свою сизую бороду, усмехнулся в усы и говорит:

— Сущие пустяки! У меня для этого есть специальная дудочка. Как только она заиграет, так сейчас же все ягоды из-под листиков и покажутся.

Вынул старик-боровик, коренной лесовик из кармана дудочку и говорит:

— Играй, дудочка.

Дудочка сама собой заиграла, и, как только она заиграла, отовсюду из-под листиков выглянули ягоды.

— Перестань, дудочка.

Дудочка перестала, и ягодки спрятались. Обрадовалась Женя:

— Дедушка, дедушка, подари мне эту дудочку!

— Подарить не могу. А давай меняться: я тебе дам дудочку, а ты мне кувшинчик: он мне очень понравился.

— Хорошо. С большим удовольствием.

Отдала Женя старику-боровику, коренному лесовику кувшинчик, взяла у него дудочку и поскорей побежала на свою полянку. Прибежала, стала посередине, говорит:

— Играй, дудочка.

Дудочка заиграла, и в тот же миг все листики на полянке зашевелились, стали поворачиваться, как будто бы на них подул ветер.

Сначала из-под листиков выглянули самые молодые любопытные ягодки, ещё совсем зелёные. За ними высунули головки ягоды постарше — одна щёчка розовая, другая белая. Потом выглянули ягоды вполне зрелые — крупные и красные. И наконец, с самого низу показались ягоды-старики, почти чёрные, мокрые, душистые, покрытые жёлтыми семечками.

И скоро вся полянка вокруг Жени оказалась усыпанной ягодами, которые ярко сквозили на солнце и тянулись к дудочке.

— Играй, дудочка, играй! — закричала Женя.— Играй быстрей!

Дудочка заиграла быстрей, и ягод высыпало ещё больше — так много, что под ними совсем не стало видно листиков.

Но Женя не унималась:

— Играй, дудочка, играй! Играй ещё быстрей.

Дудочка заиграла ещё быстрей, и весь лес наполнился таким приятным проворным звоном, точно это был не лес, а музыкальный ящик.

Пчёлы перестали сталкивать бабочку с цветка; бабочка захлопнула крылья, как книгу; птенцы малиновки выглянули из своего лёгкого гнезда, которое качалось в ветках бузины, и в восхищении разинули жёлтые рты; грибы поднимались на цыпочки, чтобы не пропустить ни одного звука, и даже старая лупоглазая стрекоза, известная своим сварливым характером, остановилась в воздухе, до глубины души восхищённая чудной музыкой.

«Вот теперь-то я начну собирать!» — подумала Женя и уже было протянула руку к самой большой и самой красной ягоде, как вдруг вспомнила, что обменяла кувшинчик на дудочку и ей теперь некуда класть землянику.

— У, глупая дудка! — сердито закричала девочка.— Мне ягоды некуда класть, а ты разыгралась. Замолчи сейчас же!

Побежала Женя назад к старику-боровику, коренному лесовику и говорит:

— Дедушка, а дедушка, отдай назад мой кувшинчик! Мне ягоды некуда собирать.

— Хорошо,— отвечает старик-боровик, коренной лесовик,— я тебе отдам твой кувшинчик, только ты отдай назад мою дудочку.

Отдала Женя старику-боровику, коренному лесовику его дудочку, взяла свой кувшинчик и поскорее побежала обратно на полянку.

Прибежала, а там уже ни одной ягодки не видно — одни только листики. Вот несчастье! Кувшинчик есть — дудочки не хватает. Как тут быть?

Подумала Женя, подумала и решила опять идти к старику-боровику, коренному лесовику за дудочкой.

Приходит и говорит:

— Дедушка, а дедушка, дай мне опять дудочку!

— Хорошо. Только ты дай мне опять кувшинчик.

— Не дам. Мне самой кувшинчик нужен, чтобы ягоды в него класть.

— Ну, так я тебе не дам дудочку.

Женя взмолилась:

— Дедушка, а дедушка, как же я буду собирать ягоды в свой кувшинчик, когда они без твоей дудочки все под листиками сидят и на глаза не показываются? Мне непременно нужно и кувшинчик и дудочку.

— Ишь ты какая хитрая девочка! Подавай ей и дудочку и кувшинчик! Обойдёшься и без дудочки, одним кувшинчиком.

— Не обойдусь, дедушка.
— А как же другие-то люди обходятся?
— Другие люди к самой земле пригибаются, под листики сбоку заглядывают да и берут ягоду за ягодой. Одну ягоду берут, на другую смотрят, третью замечают, а четвёртая мерещится. Так собирать мне совсем не нравится. Нагибайся да нагибайся. Пока наберёшь полный кувшинчик, чего доброго, и устать можно.
— Ах, вот как! — сказал старик-боровик, коренной лесовик и до того рассердился, что борода у него вместо сизой стала чёрная-пречёрная.— Ах, вот как! Да ты, оказывается, просто лентяйка! Забирай свой кувшинчик и уходи отсюда! Не будет тебе никакой дудочки!

С этими словами старик-боровик, коренной лесовик топнул ногой и провалился под пенёк.

Женя посмотрела на свой пустой кувшинчик, вспомнила, что её дожидаются папа, мама и маленький Павлик, поскорей побежала на свою полянку, присела на корточки, заглянула под листики и стала проворно брать ягоду за ягодой.

Одну берёт, на другую смотрит, третью замечает, а четвёртая мерещится...

Скоро Женя набрала полный кувшинчик и вернулась к папе, маме и маленькому Павлику.

— Вот умница,— сказал Жене папа,— полный кувшинчик принесла. Небось устала?

— Ничего, папочка. Мне кувшинчик помогал.

И пошли все домой — папа с полной кружкой, мама с полной чашкой, Женя с полным кувшинчиком, а маленький Павлик с полным блюдечком.

А про дудочку Женя никому ничего не сказала.

Весёлая переменка

ВИКТОР ДРАГУНСКИЙ
(1913—1972)

ЗАКОЛДОВАННАЯ БУКВА

Недавно мы гуляли во дворе: Алёнка, Мишка и я. Вдруг во двор въехал грузовик. А на нём лежит ёлка. Мы побежали за машиной. Вот она подъехала к домоуправлению, остановилась, и шофёр с нашим дворником стали ёлку выгружать. Они кричали друг на друга:

— Легче! Давай заноси! Правея! Левея! Становь её на попа! Легче, а то весь шпиц обломаешь.

И когда выгрузили, шофёр сказал:

— Теперь надо эту ёлку заактировать,— и ушёл.

А мы остались возле ёлки.

Она лежала большая, мохнатая и так вкусно пахла морозом, что мы стояли как дураки и улыбались. Потом Алёнка взялась за одну веточку и сказала:

— Смотрите, а на ёлке сыски висят.

«Сыски»! Это она неправильно сказала! Мы с Мишкой так и покатились. Мы смеялись с ним оба одинаково, но потом Мишка стал смеяться громче, чтоб меня пересмеять.

Ну, я немножко поднажал, чтобы он не думал, что я сдаюсь. Мишка держался руками за живот, как будто ему очень больно, и кричал:

— Ой, умру от смеха! Сыски!

А я, конечно, поддавал жару:

— Пять лет девчонке, а говорит «сыски»... Ха-ха-ха!

Потом Мишка упал в обморок и застонал:

— Ах, мне плохо! Сыски...

И стал икать:

— Ик!.. Сыски. Ик! Ик! Умру от смеха! Ик!

Тогда я схватил горсть снега и стал прикладывать его себе ко лбу, как будто у меня началось уже воспаление мозга и я сошёл с ума. Я орал:

— Девчонке пять лет, скоро замуж выдавать! А она — сыски.

У Алёнки нижняя губа скривилась так, что полезла за ухо.

— Я правильно сказала! Это у меня зуб вывалился и свистит. Я хочу сказать «сыски», а у меня высвистывается «сыски»...

Мишка сказал:

— Эка невидаль! У неё зуб вывалился! У меня целых три вывалилось да два шатаются, а я всё равно говорю правильно! Вот слушай: хыхки! Что? Правда, здорово — хыхх-кии! Вот как у меня легко выходит: хыхки! Я даже петь могу:

> Ох, хыхечка зелёная,
> Боюся уколюся я.

Но Алёнка как закричит. Одна громче нас двоих:

— Неправильно! Ура! Ты говоришь хыхки, а надо сыски!

А Мишка:

— Именно, что не надо сыски, а надо хыхки.

И оба давай реветь. Только и слышно: «Сыски!» — «Хыхки!» — «Сыски!».

Глядя на них, я так хохотал, что даже проголодался. Я шёл домой и всё время думал: чего они так спорили, раз оба не правы? Ведь это очень простое слово. Я остановился и внятно сказал:

— Никакие не сыски. Никакие не хыхки, а коротко и ясно: фыфки!

Вот и всё!

НЕ ПИФ! НЕ ПАФ!

Когда я ещё не ходил в школу, я был очень жалостливый. Я совершенно не мог слушать про что-нибудь жалостное. Если кто кого убил, или бросил в огонь, или кто кого съел, я сразу начинал плакать. Например, злая старуха посадила в бочку царицу и царевича и бросила эту бочку в море. Я реву. Или волки съели серого козлика, и от него остались рожки да ножки. Я опять реву.

Когда я слушал сказки, я заранее, ещё до страшного места, собирался плакать. У меня кривились губы и начинал дрожать голос. Мама просто не знала, что делать, потому что я всегда просил её пропускать страшное место. За две секунды до страшного места я просил дрожащим голосом:

— Это место пропусти!

Мама, конечно, пропускала, и я слушал дальше, но очень скоро опять приближалось страшное место и я опять умолял:

— И это пропусти!

Мама опять пропускала какое-нибудь преступление, и я успокаивался. И так мы с остановками и сокращениями быстро добирались до счастливого конца.

Конечно, я понимал, что сказки от этого становятся не очень интересные: во-первых, очень короткие, а во-вторых, в них почти совсем не было приключений. Но зато я мог слушать их спокойно, без слёз, и потом ночью можно было спать и не бояться.

Такие сокращённые сказки мне очень нравились. Они становились очень спокойные, как прохладный сладкий чай. Например, сказка про Красную Шапочку.

Мы с мамой так много в этой сказке пропустили, что она стала самой короткой сказкой в мире и самой счастливой. Мама так её рассказывала:

«Жила-была Красная Шапочка. Раз она напекла пирожков и пошла навестить свою бабушку. И стали они жить-поживать и добра наживать».

И я был рад, что у них всё хорошо получилось.

Особенно я переживал из-за другой сказки, про зайца. Это короткая сказка, как считалка, её все на свете знают.

> Раз, два, три, четыре, пять,
> Вышел зайчик погулять;
> Вдруг охотник выбегает...

И вот тут у меня уже начинало щипать в носу, а губы ехали в разные стороны: верхняя — направо, нижняя — налево.

А сказка в это время продолжалась:

> Прямо в зайчика стреляет!
> Пиф! Паф!
> Ой-ой-ой!
> Умирает зайчик мой!

Тут у меня сердце останавливалось. Я не мог понять, как же это получается. Почему этот жестокий охотник стреляет прямо в зайчика? Что зайчик ему плохого сделал? Что он — первый начал? Ведь нет! Он просто вышел погулять! А этот злодей прямо, без разговоров: пиф-паф! Из своего тяжёлого ружья! И тут из меня начинали течь слёзы, как из крана. Потому что раненный в живот зайчик кричал: ой-ой-ой!

Он кричал: «Ой-ой-ой! Прощайте, мои детки! Прощай, моя весёлая лёгкая жизнь! Прощай, красная морковка и капустка! Прощай, моя полянка, и цветы, и лес!»

Я как будто видел, как серый зайчик ложится под берёзку и умирает. Я заливался слезами и портил настроение всем, потому что меня надо было успокаивать, а я ревел и ревел...

И вот однажды ночью я лежал и думал, как было бы хорошо, если бы с ним этого не случилось! Как было бы хорошо! И я так долго думал об этом, что вдруг переделал эту историю!

    Раз, два, три, четыре, пять,
    Вышел зайчик погулять;
    Вдруг охотник выбегает...
    Прямо в зайчика
        Не стреляет!!!
    Не пиф! Не паф!
    Не ой-ой-ой!
    Не умирает зайчик мой!!!

Вот как хорошо! Я даже засмеялся. Как всё удачно получилось! Это было настоящее чудо. Не пиф! Не паф! Я поставил одно только «НЕ», и охотник спокойно прошёл в своих валенках мимо зайчика. И зайчик остался жить! Он опять будет утром играть на поляне, скакать и прыгать! И я лежал и улыбался в темноте и хотел рассказать маме, но боялся её разбудить. И потом заснул. А когда я проснулся, я уже знал, что никогда не буду плакать в жалостных местах, потому что в любую минуту я могу переделать всё по-своему, и всё будет хорошо. Надо только сказать: «Не пиф! Не паф!»

НИКОЛАЙ СЛАДКОВ
(1920—1996)

Лесные шорохи

СОРОКА И МЕДВЕДЬ

— Эй, Медведь, ты днём что делаешь?
— Я-то? Да ем.
— А ночью?
— И ночью ем.
— А утром?
— И утром.
— А вечером?
— И вечером ем.
— Когда же ты тогда не ешь?
— Когда сыт бываю.
— А когда же ты сытым бываешь?
— Да никогда...

СОРОКА И ЗАЯЦ

— Вот бы тебе, Заяц, да лисьи зубы!
— Э-э, Сорока, всё равно плохо...
— Вот бы тебе, серый, да волчьи ноги!
— Э-э, Сорока, невелико счастье...
— Вот бы тебе, косой, да рыси когти!
— Э-э, Сорока, что мне клыки да когти? Душа-то у меня всё равно заячья...

ЛИСА И МЫШЬ

— Мышка-трусишка, ты треска боишься?
— Ни крошечки не боюсь.
— А громкого топота?
— Ни капельки не боюсь!
— А страшного рёва?
— Нисколечко не боюсь!
— А чего ж ты тогда боишься?
— Да тихого шороха...

КТО КАК СПИТ

— Ты, Заяц, как спишь?
— Как положено — лёжа.
— А ты, Тетёрка, как?
— А я сидя.
— А ты, Цапля?
— А я стоя.
— Выходит, друзья, что я, Летучая мышь, ловчее всех вас сплю, удобнее всех отдыхаю!
— А как же ты, Летучая мышь, спишь-отдыхаешь?
— Да вниз головой…

ЛИСИЦА И ЁЖ

— Всем ты, Ёж, хорош и пригож, да вот колючки тебе не к лицу!

— А что, Лиса, я с колючками некрасивый, что ли?

— Да не то чтоб некрасивый...

— Может, я с колючками неуклюжий?

— Да не то чтоб неуклюжий!

— Ну так какой же я такой с колючками-то?!

— Да какой-то ты с ними, брат, несъедобный...

СОРОКА И ЗАЯЦ

— Слушай, Заяц, все говорят, что осина страсть горькая. А ты, смотрю, грызёшь её и даже не жмуришься!

— А я, Сорока, осинку на третье блюдо употребляю. Когда на первое только воздух свежий, на второе — прыжки по снегу, так и горькая осина на третье слаще мёда покажется!

ОДУВАНЧИК И ДОЖДЬ

— Ура! Караул! Ура! Караул!

— Что с тобой, Одуванчик? Уж не заболел ли? Ишь жёлтый весь! Чего ты то «ура», то «караул» кричишь?

— Закричишь тут!.. Корни мои рады тебе, Дождю, радёшеньки, всё «ура» кричат, а цветок «караул» кричит — боится, что пыльцу испортишь. Вот я и растерялся — ура, караул, ура, караул!

КРОТ И ФИЛИН

— Слушай, Филин, неужели ты меня проглотить можешь?
— Могу, Крот, могу. Я такой.
— Неужто и зайчонка протолкнёшь?
— И зайчонка протолкну.
— Ну а ежа? Хе-хе...
— И ежа проглочу.
— Ишь ты! А как же колючки?
— А колючки выплюну.
— Смотри какой молодец! А медведь вон на ежа даже сесть боится...

ВИКТОР ГОЛЯВКИН
(1929—2001)

НЕ ВЕЗЁТ

Однажды прихожу я домой из школы. В этот день я как раз двойку получил. Хожу по комнате и пою. Пою и пою, чтоб никто не подумал, что я двойку получил. А то будут спрашивать ещё: «Почему ты мрачный, почему ты задумчивый?» Отец говорит:

— Что это он так поёт?

А мама говорит:

— У него, наверное, весёлое настроение, вот он и поёт.

Отец говорит:

— Наверное, пятёрку получил, вот и весело человеку. Всегда весело, когда какое-нибудь хорошее дело сделаешь.

Я как это услышал, ещё громче запел. Тогда отец говорит:

— Ну ладно, Вовка, порадуй отца, покажи дневник.

Тут я сразу петь перестал.

— Зачем? — спрашиваю.

— Я вижу,— говорит отец,— тебе очень хочется дневник показать.

Берёт у меня дневник, видит там двойку и говорит:

— Удивительно, получил двойку и поёт! Что он, с ума сошёл? Ну-ка, Вова, иди сюда! У тебя, случайно, нет температуры?

— Нет у меня,— говорю,— никакой температуры...

Отец развёл руками и говорит:

— Тогда нужно тебя наказать за это пение...

— Вот как мне не везёт!

ПРЕМИЯ

Оригинальные мы смастерили костюмы — ни у кого таких не будет! Я буду лошадью, а Вовка рыцарем. Только плохо, что он должен ездить на мне, а не я на нём. И всё потому, что я чуть младше. Видите, что получается! Но ничего не поделаешь. Мы, правда, с ним договорились: он не будет на мне всё время ездить. Он немножко на мне поездит, а потом слезет и будет меня за собой водить, как лошадей за уздечку водят.

И вот мы отправились на карнавал.

Пришли в школу в обычных костюмах, а потом переоделись и вышли в зал. То есть мы въехали. Я полз на четвереньках. А Вовка сидел на моей спине. Правда, Вовка мне помогал — по полу перебирал ногами. Но всё равно мне было нелегко.

К тому же я ничего не видел. Я был в лошадиной маске. Я совершенно ничего не видел, хотя в маске и были дырки для глаз. Но они были где-то на лбу. Я полз в темноте. Натыкался на чьи-то ноги. Раза два налетал на стену. Да что и говорить! Иногда я встряхивал головой, тогда маска съезжала, и я видел свет. Но на какой-то миг. А потом снова сплошная темень. Ведь не мог я всё время трясти головой!

Я хоть на миг видел свет. Зато Вовка совсем ничего не видел. И всё меня спрашивал, что впереди. И просил ползти осторожнее. Я и так полз осторожно. Сам-то я ничего не видел. Откуда я мог знать, что там впереди! Кто-то ногой наступил мне на руку. Я сейчас же остановился. И отказался дальше ползти. Я сказал Вовке:

— Хватит. Слезай!

Вовке, наверное, понравилось ездить, и он не хотел слезать. Говорил, что ещё рано. Но всё же он слез, взял меня за уздечку, и я пополз дальше. Теперь мне уже было легче ползти, хотя я всё равно ничего не видел.

Я предложил снять маски и взглянуть на карнавал, а потом надеть маски снова. Но Вовка сказал:

— Тогда нас узнают.

Я вздохнул и пополз дальше.

— Наверное, весело здесь,— сказал я.— Только мы ничего не видим...

Но Вовка шёл молча. Он твёрдо решил терпеть до конца. Получить первую премию.

Мне стало больно коленкам. Я сказал:

— Я сейчас сяду на пол.

— Разве лошади могут сидеть? — сказал Вовка.— Ты с ума сошёл! Ты же лошадь!

— Я не лошадь,— сказал я.— Ты сам лошадь.

— Нет, ты лошадь,— ответил Вовка.— И ты знаешь прекрасно, что ты лошадь. Мы не получим премии!

— Ну и пусть,— сказал я.— Мне надоело.

— Не делай глупостей,— сказал Вовка.— Потерпи.

Я подполз к стене, прислонился к ней и сел на пол.

— Ты сидишь? — спросил Вовка.

— Сижу,— сказал я.

— Ну ладно уж,— согласился Вовка.— На полу ещё можно сидеть. Только смотри не сядь на стул! Тогда всё пропало. Ты понял? Лошадь — и вдруг на стуле!..

Кругом гремела музыка, смеялись.

Я спросил:

— Скоро кончится?

— Наверное, скоро...— сказал Вовка.

И тут он не выдержал. Сел на диван. Я сел рядом с ним. Потом Вовка заснул на диване. И я заснул тоже.

Потом нас разбудили и дали премию.

КАРУСЕЛЬ В ГОЛОВЕ

К концу учебного года я просил отца купить мне двухколёсный велосипед, пистолет-пулемёт на батарейках, самолёт на батарейках, летающий вертолёт и настольный хоккей.

— Мне так хочется иметь эти вещи! — сказал я отцу.— Они постоянно вертятся у меня в голове наподобие карусели, и от этого голова так кружится, что трудно удержаться на ногах.

— Держись,— сказал отец,— не упади и напиши мне на листке все эти вещи, чтоб мне не забыть.

— Да зачем же писать, они и так у меня крепко в голове сидят.

— Пиши,— сказал отец,— тебе ведь это ничего не стоит.

— В общем-то ничего не стоит,— сказал я,— только лишняя морока.— И я написал большими буквами на весь лист:

ВИЛИСАПЕТ
ПИСТАЛЕТ-ПУЛИМЁТ
САМАЛЁТ
ВИРТАЛЁТ
ХАКЕЙ

Потом подумал и ещё решил написать «мороженое», подошёл к окну, поглядел на вывеску напротив и дописал:

МОРОЖЕНОЕ

Отец прочёл и говорит:
— Куплю я тебе пока мороженое, а остальное подождём.
Я думал, ему сейчас некогда, и спрашиваю:
— До которого часу?
— До лучших времён.
— До каких?
— До следующего окончания учебного года.
— Почему?
— Да потому, что буквы в твоей голове вертятся, как карусель, от этого у тебя кружится голова, и слова оказываются не на своих ногах.
Как будто у слов есть ноги!
А мороженое мне уже сто раз покупали.

СОДЕРЖАНИЕ

СТРАНА ДЕТСТВА

Е. Пермяк
Как Маша стала большой 4
Торопливый ножик 6
Первая рыбка 7
Л. Воронкова
Что сказала бы мама? 8
В. Драгунский
Друг детства 11
«Он живой и светится...» 17
Ю. Коваль
Дед, баба и Алёша 22
Нулевой класс 24
И. Пивоварова
День защиты природы 30

МИР ВОКРУГ НАС

К. Ушинский
Четыре желания 38
Чужое яичко 40
М. Пришвин
Лисичкин хлеб 43
Журка 45
Золотой луг 47
Г. Скребицкий
Пушок 49
Воришка 53
В. Чаплина
Медвежонок 58

Н.Сладков
Весенняя баня 68
Без слов 70
Топик и Катя 71

РАССКАЖУ ВАМ СКАЗКУ...

В.Даль
Девочка Снегурочка 74
Д.Мамин-Сибиряк
Сказка про храброго Зайца 82
В.Бианки
Хвосты 87
В.Катаев
Дудочка и кувшинчик 93

ВЕСЁЛАЯ ПЕРЕМЕНКА

В.Драгунский
Заколдованная буква 104
Не пиф! Не паф! 108
Н.Сладков. *Лесные шорохи*
Сорока и Медведь 113
Сорока и Заяц 114
Лиса и Мышь . . . . —
Кто как спит 115
Лисица и Ёж 116
Сорока и Заяц 117
Одуванчик и Дождь . . . . —
Крот и Филин 118
В.Голявкин
Не везёт 119
Премия 120
Карусель в голове 124

Серия «Школьная библиотека»

ВНЕКЛАССНОЕ ЧТЕНИЕ (ДЛЯ 1-ГО КЛАССА)

Для младшего школьного возраста

Составитель
Юдаева Марина Владимировна

Художник
Соколов Геннадий Валентинович

Главный редактор А. Алир
Технический редактор М.В.Юдаева
Компьютерная вёрстка Д.А.Володин
Корректор С.П.Мосейчук
Ответственный за выпуск Л.Г.Ким
Подписано в печать 07.02.2014.
Формат 60x90 $^1/_{16}$. Бумага офсетная.
Печать офсетная. Усл. п. л. 8.
Гарнитура «Школьная».
Тираж 30 000 экз. Заказ № 5028.

Издательство «Самовар»
125047, Москва, а/я 132.
ООО «Самовар-книги»
125047, Москва, ул. Александра Невского, д.1.
Информация о книгах на сайте www.knigi.ru
Оптовая продажа: ООО «Атберг 98»
(495) 925-51-39   www.atberg.aha.ru
Интернет-магазин: www.books-land.ru

Отпечатано в филиале «Тверской полиграфический комбинат детской литературы» ОАО «Издательство «Высшая школа».
170040, Тверь, проспект 50 лет Октября, 46.
Тел.: +7(4822)44-85-98. Факс: +7(4822)44-61-51

Артикул К-ШБ-12
ISBN 978-5-9781-0675-6

© В.В.Бианки, наследники, текст.
© Л.Ф.Воронкова, наследники, текст.
© В.В.Голявкин, наследники, текст.
© В.Ю.Драгунский, наследники, текст.
© В.П.Катаев, наследники, текст.
© Ю.И.Коваль, наследники, текст.
© Е.А.Пермяк, наследники, текст.
© И.М.Пивоварова, наследники, текст.
© М.М.Пришвин, наследники, текст.
© Г.А.Скребицкий, наследники, текст.
© Н.И.Сладков, наследники, текст.
© В.В.Чаплина, наследники, текст.
© ООО «Самовар-книги»,
составление, серийное оформление.
© РИО «Самовар 1990», иллюстрации.

В серии «ШКОЛЬНАЯ БИБЛИОТЕКА» вышли книги:

Т.Александрова	«Домовёнок Кузька»
П.Бажов	«Уральские сказы»
В.Бианки	«Рассказы Бианки»
К.Булычёв	«Девочка с Земли»
Е.Велтистов	«Приключения Электроника»
А.Волков	«Волшебник Изумрудного города»
	«Урфин Джюс и его деревянные солдаты»
	«Семь подземных королей»
	«Огненный бог Марранов»
	«Жёлтый туман»
	«Тайна заброшенного замка»
А.Гайдар	«Тимур и его команда»
О.Генри	«Вождь Краснокожих»
Л.Гераскина	«В Стране невыученных уроков»
	«В Стране невыученных уроков-2»
	«Мягкий характер»
Н.Гоголь	«Вечера на хуторе близ Диканьки»
В.Губарев	«Королевство кривых зеркал»
Д.Дефо	«Робинзон Крузо»
В.Драгунский	«Где это видано, где это слыхано…»
	«Денискины рассказы»
Б.Житков	«Рассказы»
Ю.Коваль	«Алый» и другие рассказы»
	«Приключения Васи Куролесова»
	«Куролесов и Матрос подключаются»
А.Конан Дойл	«Рассказы о Шерлоке Холмсе»
И.Крылов	«Басни Крылова»
Л.Кэрролл	«Алиса в Стране Чудес»
Т.Крюкова	«Женька Москвичёв и его друзья»
Л.Лагин	«Старик Хоттабыч»
М.Лермонтов	«Герой нашего времени»
Д.Лондон	«Белый Клык»
В.Медведев	«Баранкин, будь человеком!»
С.Михалков	«Праздник непослушания»
Н.Носов	«Витя Малеев в школе и дома»
	«Мишкина каша», «Фантазёры»
Ю.Олеша	«Три толстяка»
В.Осеева	«Волшебное слово»
В.Приёмыхов	«Князь Удача Андреевич»